中2

まとめ上手

英語

Grammar	Test	Conversation	Check
S C V O			✓

受験研究社

本書の特色としくみ

　この本は，中学1・2年生で学習する英語の重要事項を豊富な図や表，補足説明を使ってわかりやすくまとめたものです。要点がひと目でわかるので，定期テスト対策に必携の本です。

重要度
重要度を★，★★，★★★の3段階で示しています。

例文と訳例
暗唱にも適する基本的な例文をとりあげています。

ポイント解説
もっとも大切なポイントをひと目で理解できるように，図解・表解を中心に簡潔に解説しています。

テストでは

各項目の内容を理解したかどうかを確かめるミニテストです。解答は各ページの下部にのせています。

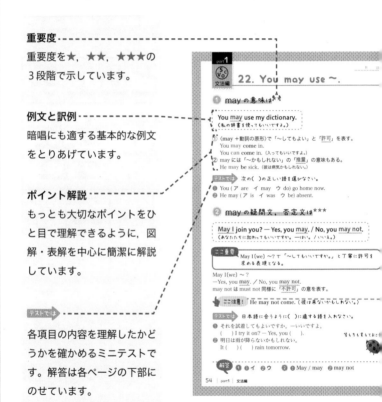

part 1
文法編

22. You may use ～.

① may の意味は？★★

You may use my dictionary.
（私の辞書を使ってもいいですよ。）

① 〈may＋動詞の原形〉で「～してもよい」と「許可」を表す。
　You may come in.
　You can come in.（入ってもいいですよ。）
② may には「～かもしれない」の「推量」の意味もある。
　He may be sick.（彼は病気かもしれない。）

テストでは 次の（　）の正しい語を選びなさい。
❶ You（ア are　イ may　ウ do）go home now.
❷ He may（ア is　イ was　ウ be）absent.

② may の疑問文，否定文は？★★★

May I join you? — Yes, you may. / No, you may not.
（あなたたちに加わってもいいですか。—はい。/ いいえ。）

ここ重要 May I(we)～? で「～してもいいですか。」と丁寧に許可を求める表現となる。

May I(we)～?
—Yes, you may. / No, you may not.
may not は must not と同様に「不許可」の意を表す。

ここ注意！ He may not come.（彼は来ないかもしれない。）

テストでは 日本語に合うように（　）に適する語を入れなさい。
❶ それを試着してもよいですか。—いいですよ。
　（　）I try it on? — Yes, you（　）.
❷ 明日は雨が降らないかもしれない。
　It（　）（　）rain tomorrow.

解答 ❶イ ❷ウ　❷ ❶ May / may ❷ may not
54　part1 文法編

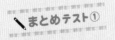

まとめテスト①

単元のまとまりごとに設け，記述式問題　記述　にも一部対応。ページ下部にヒントと解答をのせています。

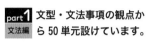

part1 文法編 文型・文法事項の観点から50単元設けています。 ▶▶▶ **part2** 会話編 重要会話表現をテーマごとにまとめています。

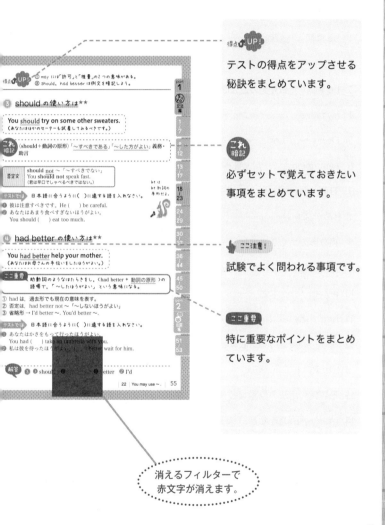

得点 UP !

テストの得点をアップさせる秘訣をまとめています。

これ暗記

必ずセットで覚えておきたい事項をまとめています。

ここ注意！

試験でよく問われる事項です。

ここ重要

特に重要なポイントをまとめています。

消えるフィルターで赤文字が消えます。

得点 UP ! ① may には「許可」と「推量」の2つの意味がある。
② should, had better は例文を暗記しよう。

3 should の使い方は★★

You should try on some other sweaters.
（あなたは他のセーターも試着してみるべきです。）

これ暗記 〈should＋動詞の原形〉「～すべきである」「～した方がよい」義務・助言

否定文 should not ～「～すべきでない」
You should not speak fast.
（君は早口でしゃべるべきではない。）

テストでは 日本語に合うように（　）に適する語を入れなさい。
① 彼は注意すべきです。He (　) be careful.
② あなたはあまり食べすぎないほうがよい。
You should (　) eat too much.

4 had better の使い方は★★

You had better help your mother.
（あなたはお母さんの手伝いをしたほうがよい。）

ここ重要 助動詞のようなはたらきをし、〈had better＋動詞の原形〉の語順で、「～したほうがよい」という意味になる。

① had は、過去形でも現在の意味を表す。
② 否定は、had better not ～「～しないほうがよい」
③ 省略形→I'd better ～、You'd better ～。

テストでは 日本語に合うように（　）に適する語を入れなさい。
① あなたはかさをもって行ったほうがよい。
You had (　) take an umbrella with you.
② 私は彼を待ったほうがよい。(　) better wait for him.

解答 ③ ① should ② ④ ① better ② I'd

22 You may ～. | 55

3

もくじ

中学 1・2 年生で学ぶすべての
英語がつまっているよ！

会話編では実際の場面で
使える表現をまとめたよ。

part**2** 会話編

各表現を全部暗記する
ぐらい繰り返しやろう！

5

1. be 動詞・一般動詞

① be 動詞(現在形)の文 ★★

> **We are students.** (私たちは生徒です。)
> **John is in Kyoto.** (ジョンは京都にいます。)

ここ重要　am, are, is は「～です」「～がいます，～があります」の意味で，<u>be 動詞</u> と呼ばれています。

am →主語が I
are →主語が you, 複数
is →主語が I, you 以外の単数

テストでは　次の( )に am, are, is のどれかを入れなさい。
❶ That ( ) our school.
❷ Ken and Mike ( ) good friends.

② be 動詞(現在形)の否定・疑問文 ★★

> **That girl is <u>not</u> Ito Ai.** (あの女の子はイトウ・アイではありません。)
> **Is that girl Ito Ai?** (あの女の子はイトウ・アイですか。)

ここ重要　be 動詞の疑問文では，
　① be 動詞を文の最初に　② 文の最後に「?」を置く。

肯定文　That girl **is** Ito Ai.

否定文　That girl **is** not Ito Ai.

疑問文　**Is** that girl Ito Ai?

is not の短縮形は isn't，are not の短縮形は aren't

☞ ここ注意!　~~amn't~~ amn't という短縮形はない

テストでは　次の( )から適するものを選びなさい。
❶ They (not, not are, are not) from Chiba.
❷ (Do, Are, Is) you a nurse?

解答　① ❶ is　❷ are
　　　　② ❶ are not　❷ Are

③ 一般動詞(現在形)の文 ★★

I study English hard.（私は英語を熱心に勉強します。）
Emi studies English hard.（絵美は英語を熱心に勉強します。）

ここ重要
主語が3人称単数(he, she, it)のときは, 一般動詞の語尾にsかesをつける。

●esのつけ方
①s, sh, ch, oで
終わる語→es
wash→washes
go→goes
②〈子音字＋y〉で
終わる語→yをiに
変えてes
try→tries

テストでは 次の( )から適する語を選びなさい。

❶ We (live, lives) near the station.
❷ My sister (practice, practices) the piano every day.

④ 一般動詞(現在形)の否定・疑問文 ★★

Emi does not get up early.（絵美は早く起きません。）
Does Emi clean her room every day?
（絵美は彼女の部屋を毎日, 掃除しますか。）

ここ重要
一般動詞(現在形)の否定文は〈主語＋ do(does) not ＋動詞の原形 〜.〉の形で表す。一方で疑問文は〈 Do(Does) ＋主語＋動詞の原形 〜?〉の形で表す。

否定文 〈主語＋do(does) not＋動詞の原形〜.〉
疑問文 〈Do(Does)＋主語＋動詞の原形〜?〉

一般動詞の疑問文では,
①Do(Does)を文の最初に
②文の最後に「?」を置く。

ここ注意! 疑問文では, Do(Does)を文の最初に, 文の最後に「?」を置く。一般動詞(現在形)の疑問文や否定文では, 常に動詞の原形を用いるので注意する。

テストでは 次の英文を否定文にしなさい。

❶ Jenny has some DVDs. —→ Jenny ( ) ( ) any DVDs.
❷ Ms. Smith reads many books. —→ ( ) Ms. Smith ( ) many books?

解答 ③ ❶ live ❷ practices
④ ❶ doesn't have ❷ Does, read

part 1 S Vc O 文法編
1〜7
8〜12
13〜17
18〜23
24〜29
30〜37
38〜44
45〜50
part 2 会話編
51〜53

2. What ～? / can を使った文

① 疑問詞のある疑問文 ★★

> **What** is that building?（あの建物は何ですか。）
> **What** does Judy like?（ジュディは何が好きですか。）

<u>What</u> is that building?
疑問詞 be動詞 主語

<u>What</u> does Judy like?
疑問詞　　　主語 動詞の原形

疑問詞のうしろは
疑問文の語順だよ。

テストでは 次の（　）から適するものを選びなさい。

❶ Who (the girl is, is the girl)?
❷ When does Ken (play, plays) a video game?
❸ Where (you live, do you live)?
❹ (How, What) do you go to school?

② can を使った文 ★★

> **Andy can** speak Japanese well.
> （アンディは上手に日本語を話すことができます。）

ここ重要 主語に関わらず can の後には 動詞の原形 を用いる。

Andy can speak Japanese well.
　　　↑「できる」　↑動詞の原形

テストでは 次の英文を「～することができる」の文にしなさい。

❶ I make sushi.
　→ I (　　) (　　) sushi.
❷ Ann runs fast.
　→ Ann (　　) (　　) fast.
❸ Ken reads Chinese.
　→ Ken (　　) (　　) Chinese.

- -

解答　❶ ❶ is the girl　❷ play　❸ do you live　❹ How
　　　　❷ ❶ can make　❷ can run　❸ can read

① can は動詞をともなわないで単独では使われない。
② can の疑問文に答えるときは can, can't を使う。

③ can の否定文 ★★

My sister can't swim.
（私の姉〔妹〕は泳げません。）

canのうしろは
必ず動詞の
原形だよ。

| 肯定文 | My sister can swim. |
| 否定文 | My sister can't swim. |

= cannot

ここ注意！ × cann't としないこと

テストでは 次の英文を否定文にしなさい。

❶ I can play the guitar. —→ I (　　) (　　) the guitar.
❷ Billy can eat fish. —→ Billy (　　) (　　) fish.
❸ You can open the box. —→ You (　　) (　　) the box.

④ can の疑問文 ★★

Can you sing this song in English?
（あなたはこの曲を英語で歌えますか。）
—Yes, I can.（はい，歌えます。）

肯定文	You can sing this song in English.
疑問文	Can you sing this song in English?
答え方	Yes, I can. / No, I can't〔cannot〕.

テストでは 次の（　）に適する語を入れなさい。

❶ (　　) you walk to the zoo? — Yes, I can.
❷ Can Beth play catch? — No, she (　　).
❸ (　　) Tom write Japanese? — Yes, he can.

 解答 ③ ❶ can't〔cannot〕 play　❷ can't〔cannot〕 eat
　❸ can't open
④ ❶ Can　❷ can't〔cannot〕　❸ Can

| 2 | What ～? / can を使った文 | 9

3. be 動詞・一般動詞の過去形

1 be 動詞の過去形★★

> **I was busy yesterday.** （私はきのう忙しかったです。）
> **Ann was at home today.** （アンは今日，家にいました。）
> **We were sad this morning.** （私たちは今朝，悲しかったです。）

I am busy now. →過去形に I was busy yesterday.
　　　　　　　　　　　　　　　過去を示す語

We are sad now. →過去形に We were very sad this morning.
　　　　　　　　　　　　　　　　　過去を示す語句

テストでは 次の（ ）から適するものを選びなさい。

❶ I (am, was) in Osaka yesterday.
❷ You (was, were) an English teacher two years ago.

2 be 動詞の過去形（否定・疑問文）★★

> **Ann was not busy today.** （アンは今日忙しくありませんでした。）

ここ重要 be 動詞の過去の疑問文では，
① be 動詞を文の最初に ②文の最後に「?」を置く。

肯定文 Ann was busy today.
否定文 Ann was not busy today.
疑問文 Was Ann busy today?

 ここ注意！ was not の短縮形は wasn't，were not の短縮形は weren't。

テストでは ①の英文を否定文に，②の英文を疑問文にしなさい。

❶ I was in Nagoya. ⟶ I ( ) ( ) in Nagoya.
❷ They were happy. ⟶ ( ) ( ) happy?

 解答 ❶ ❶ was ❷ were
　　　　　　 ❷ ❶ was not ❷ Were they

① be 動詞の過去形は was と were の2つだけ。
②過去形の否定文・疑問文は現在形の場合と同じと考える。

③ 一般動詞の過去形 ★★

> I played the koto today. (私は今日琴をひきました。)
> I went to the zoo yesterday. (私はきのう動物園に行きました。)

ここ重要 規則動詞の過去形は、動詞の語尾に -d か -ed を付ける。
不規則動詞の過去形は、-(e)d の形に ならない 。それぞれ
形が異なる。

不規則動詞の過去形

go → went   come → came   get → got
have → had   see → saw   take → took

テストでは 次の( )から適するものを選びなさい。

❶ We (practice, practiced) soccer yesterday.
❷ I (get, got) up at eight yesterday morning.

④ 一般動詞の過去形(否定・疑問文) ★★

> I did not(didn't) study at all.
> (私は全然勉強しませんでした。)
> Did he study English yesterday? — Yes, he did.
> (彼は昨日勉強をしましたか。はい、しました。)

現在の否定文	He doesn't play tennis.
過去の否定文	He didn't play tennis.
現在の疑問文	Does he play tennis? — Yes, he does. / No, he doesn't.
過去の疑問文	Did he play tennis? — Yes, he did. / No, he didn't.

主語が何でも
過去の否定はdidn't、
過去の疑問はDid〜?。

テストでは 次の( )の正しい語を選びなさい。

❶ Ken (ア doesn't イ didn't ウ wasn't) come home yesterday.
❷ Did you go there? — Yes, I (ア was イ do ウ did).

解答
③ ❶ practiced ❷ got
④ ❶イ ❷ウ

part 1

S C
V O
文法編

月　日

4. My father is / was reading ～.

① 現在進行形とは ★★

> **My father is reading a magazine now.**
> （父はいま雑誌を読んでいます。）

ここ重要
「（いま）～している」という現在 進行中 の動作を表し，形は < am（are, is）+ ～ing > である。

現在形　She **plays** the piano every day.

現在進行形　She is **playing** the piano now.
└── 原形に ing をつける。

**動詞の進行形の
かたちを復習して
おこう。**

テストでは　次の（　）の正しい語を選びなさい。

❶ I am (ア cook　イ cooking) in the kitchen.
❷ Kumi and Jane are (ア study　イ studying) science.

② 現在進行形の否定文・疑問文 ★★★

> **She is not reading a book now.**
> （彼女はいま本を読んでいません。）
> **Are you watching TV now? —No, I am not.**
> （あなたはいまテレビを見ていますか。—いいえ。）

ここ重要
否定文は，< be動詞 + not +～ing > の語順で，「（いま）～していません」という意味。
疑問文は，< be動詞 + 主語 +～ing…? > の語順で，「（いま）～していますか」と聞く。

テストでは　日本語に合うように（　）に適する語を入れなさい。

❶ 彼らは今仕事をしていません。
　They (　) (　) now.
❷ マイクは英語の勉強をしていますか。
　(　) Mike (　) English?

解答　❶ ❶ イ　❷ イ
　　　　❷ ❶ aren't working　❷ Is, studying

part 1 ⑤ⓈⒸ Ⓥ Ⓞ 文法編

1〜7

③ 過去進行形とは ★

He was washing his car then.
（彼はそのとき自分の車を洗っていました。）

ここ重要 「〜していました」という 過去 における進行中の動作を表す。

8〜12

現在進行形 She is working in the yard now.
　　　　　　　└──現在形

過去進行形 She was working in the yard then.
　　　　　　　└──過去形

13〜17

テストでは 次の（　）の正しい語を選びなさい。

❶ I (ア am　イ was　ウ did) talking with Mary then.
❷ Ken and Jim (ア was　イ were) studying in the library.

18〜23

④ 過去進行形の疑問文・否定文 ★★

Were you calling him then? —No, I was not(wasn't).
（そのときあなたは彼に電話していたのですか。—いいえ。）

24〜29

ここ重要 疑問文や否定文の作り方は現在進行形と同じ。

肯定文 They **were** driving through town.

30〜37

疑問文 **Were** they driving through town?

肯定文 I **was** staying with him.

否定文 I **was not** staying with him.

38〜44

テストでは 日本語に合うように（　）に適する語を入れなさい。

❶ 私はそのとき星を見ていませんでした。
　I (　) looking at the stars at that time.
❷ エミとトムはそのときいっしょに料理をしていましたか。
　(　) Emi and Tom (　) together then?

45〜50

解答 ③ ❶イ ❷イ
　　　 ④ ❶wasn't ❷Were, cooking

part 2 💬 会話編

51〜53

S
V O C
文法編

5. Don't ～ . / Let's ～ .

① 命令文とは★

┌─────────────────────────────┐
Go home soon. (すぐに家に帰りなさい。)
└─────────────────────────────┘

ここ重要 命令文は，動詞の __原形__ で文をはじめて，「～しなさい」と
命令する文。

ふつうの文	You open the window.
命令文	×　Open the window. (主語は省略) └─ 原形
ていねいな命令文	**Please** sit down. / Sit down, **please**.

テストでは 日本語に合うように( )に適する語を入れなさい。

❶ どうぞおはいりください。Come in, ( ).
❷ ジェーン，毎朝新聞を注意して読みなさい。
   Jane, ( ) the newspaper carefully every morning.

② 否定の命令文の表し方は★★

┌─────────────────────────────┐
Don't swim in this river.
(この川で泳いではいけません。)
└─────────────────────────────┘

相手が3人称のときでも
Don't になるよ。

ここ重要 __Don't__ で文をはじめて，「～してはいけない」と禁止を表す。

否定の命令文	Don't＋ふつうの命令文
ていねいな否定の命令文	Please don't talk here.

➤ **ここ注意！** don't のあとはいつも原形にする。

テストでは 次の( )の正しい語を選びなさい。

❶ (ア Doesn't　イ Don't) sit down, Mike.
❷ Ken, (ア doesn't　イ don't) use this car.

解答 ❶ ❶please ❷read
❷ ❶イ ❷イ

part
1
SVO
文法編

1〜7

8〜12

13〜17

18〜23

24〜29

30〜37

38〜44

45〜50

part
2
会話編

51〜53

得点 UP! ①命令文は動詞の原形ではじめる。be 動詞は Be〜.
②否定の命令文は，Don't〜.

③ be 動詞を用いた命令文は★★

Be kind to the old people.
（お年寄りに親切にしなさい。）

be 動詞の
原形は be だよ。

肯定の命令文	Be quiet, Ken.
否定の命令文	Don't be noisy, Ken.

ここ注意！ ×Be don't としないこと。
be のあとは形容詞か名詞。

テストでは 次の( )の正しい語を選びなさい。

❶ (ア Is　イ Do　ウ Be) a good boy, John.
❷ (ア Don't　イ Not) be a bad boy, Jim.
❸ Don't (ア be　イ do　ウ are) late for school.

④ Let's 〜. の命令文は★★

Let's play tennis together.
（いっしょにテニスをしましょう。）

ここ重要 Let's は「〜しましょう」と 勧誘 するときに使う。

勧誘の命令文	Let's＋ふつうの命令文
答え方	Yes, let's. / All right.(そうしよう。) No, let's not.(いや，やめよう。)

テストでは 日本語に合うように( )に適する語を入れなさい。

❶ 泳ぎましょう。— いや，やめましょう。
　( ) swim. — No, ( ) not.
❷ いっしょに夕食をつくりましょう。— いいよ。
　( ) cook dinner together. — All ( ).

解答 ③ ❶ウ　❷ア　❸ア
　　 ④ ❶ Let's. / let's　❷ Let's / right

6. I am going to ～. / I will ～.

① be going to ～ ★★★

I am going to visit Okinawa tomorrow.
（私は明日沖縄を訪れるつもりです。）

これ暗記 〈主語＋be going to＋動詞の原形〉で「～するつもり」，「～だろう」の意味になる。

疑問文 〈be 動詞＋主語 going to ＋動詞の原形～？〉

ふつうの be 動詞の文と同じ作り方だよ。

否定文 〈主語＋ be 動詞＋ not going to ＋動詞の原形～ .〉

テストでは 次の（　）の正しい語を選びなさい。

❶ Ken (ア is　イ was　ウ does) going to leave tomorrow.
❷ Jane and I (ア am　イ is　ウ are) not going to sing.
❸ (ア Are　イ Does　ウ Is) your brother going to work there?

② will ★★★

My uncle will go to New York next month.
（おじは来月ニューヨークに行きます。）

ここ重要 疑問文は will を主語の前に出して 〈Will ＋主語＋動詞の原形 ～？〉。

答え方 → 〈Yes, ＋主語＋ will.〉 / 〈No, ＋主語＋ will not.〉

否定文 → 〈主語＋ will not(won't) ～.〉の語順。

テストでは 次の（　）の正しい語を選びなさい。

❶ He will (ア visits　イ visit) America next week.
❷ (ア Will　イ Is　ウ Does) he study this afternoon?
❸ My sister (ア willn't　イ won't) call him.

解答
① ❶ア　❷ウ　❸ウ
② ❶イ　❷ア　❸イ

得点UP!
① 未来を表す語(句)があれば未来形にする。
② be going to と will のあとの動詞は原形。

③ **未来を表す語句のいろいろ**★★★

She is going to get up early tomorrow.
（彼女は明日早く起きるつもりです。）

ここ重要
tomorrow は未来を表す語なので，未来の文にする。

| tomorrow 明日 | → tomorrow morning 明日の朝 |

| next week 来週 | | next month 来月 |

こういう語句が
あれば未来の文。

| next year 来年 | | soon すぐに |

| some day いつか |

テストでは 日本語に合うように( )に適する語を入れなさい。

❶ 明日は雨だろう。 It is going to rain ( ).
❷ あなたは来年カナダを訪れるつもりですか。
　 Are you going to visit Canada ( ) year?

④ **Will you ～? の「未来」以外の意味は**★★

Will you close the door? （ドアを閉めてくれませんか。）

例文は「依頼」を表し，他に勧誘「～しませんか」の意味がある。

依頼 Will you help me? （私を助けてくれませんか。）

答え方 → Yes, I will. / All right. / Sure. / No, I won't.

勧誘 Will you have another tea? （もう1杯お茶をいかが。）

答え方 → Yes, please. / Thank you. / No, thank you.

テストでは 次の文は未来，依頼，勧誘のどれか答えなさい。

❶ Will you please open the window?
❷ Will you be free tomorrow?
❸ Will you have some cake?

解答
③ ❶ tomorrow ❷ next
④ ❶ 依頼 ❷ 未来 ❸ 勧誘

part 1
S V O C
文法編

1〜7

8〜12

13〜17

18〜23

24〜29

30〜37

38〜44

45〜50

part 2
会話編

51〜53

6 | I am going to ～ . / I will ～ . | 17

7. There is[are] 〜.

❶ 「…に〜があります〔います〕」の表し方は★★

> **There is** a book on the desk.
> （机の上に本が 1 冊あります。）

〈There is[are] ＋主語＋場所を表す語句〉で「…に〜があります〔います〕」の意味を表す。

isとareの使い方	主語が**単数**のとき→ There <u>is</u> 〜.
	主語が**複数**のとき→ There <u>are</u> 〜.
	There is[are]のあとに the は使えない。 ×There is the book on the desk.

テストでは 次の（ ）の正しい語を選びなさい。

❶ There (ア is　イ are) some cats under the table.
❷ There (ア is　イ are) a clock on the wall.

❷ There is[are] 〜. の否定文の表し方は★★

> **There is** <u>not</u> a dog in the yard.
> （庭には犬はいません。）

be 動詞のあとに not をつけて、「〜がありません〔いません〕」。

肯定文 There are some people here.

否定文 There are <u>not</u> <u>any</u> people here.

ここ重要
- some は否定文や疑問文では any にする。
- not any 〜= <u>no</u> 〜

テストでは 次の（ ）に適する語を入れなさい。

❶ There are (　　) any eggs in the basket.
❷ There (　　) no girls in this room now.
❸ There (　　) no money in my pocket now.

解答 ❶ ❶イ ❷ア
　　　 ❷ ❶not ❷are ❸is

part 1
Ⓢ Ⓥ Ⓞ Ⓒ
文法編

1〜7

8〜12

13〜17

18〜23

24〜29

30〜37

38〜44

45〜50

part 2
☺会話編

51〜53

③ There is(are) 〜. の疑問文の表し方は★★

Is there a clock on the wall? — Yes, there is.
（壁に時計がかかっていますか。—はい，かかっています。）

be 動詞を文頭に出して，Is(Are) there 〜? の語順。
答え方は Yes, there is(are). / No, there is(are) not.

┌─How many **boys** are there in the room?
│   └─複数
└─**There are four (boys).**

How many 〜? は
「数」を聞く表現だよ。

テストでは 次の( )に適する語を入れなさい。

❶ ( ) there a box on the table?
❷ ( ) there any animals in the park?

④ 過去形・未来形の表し方は★★★

Once there were many children in this town.
（かつてこの町にはたくさんの子どもたちがいました。）

ここ重要 be 動詞を過去形・未来形にして，There was (were)〜 /
There will be 〜. で表す。

現在	There **are** many flowers in the garden.
過去	There **were** many flowers in the garden.
未来	There will **be** many flowers in the garden.

テストでは 次の( )に適する語を入れなさい。

❶ There ( ) many people in the library yesterday.
❷ There will ( ) a football game here tomorrow.
❸ There ( ) no water in the lake last month.

解答 ③ ❶ Is ❷ Are
④ ❶ were ❷ be ❸ was

✏ まとめテスト①

1 次の（　）の正しい語句を選びなさい。

☐ ❶ There (is, are, was, were) much rain last year.

☐ ❷ A lot of students (was, were, is, are) looking at Millet's pictures now.　〔山梨－改〕

☐ ❸ Some people in our town (are, is, be) going to clean the park.　〔奈良－改〕

☐ ❹ (Please, Be, Let's) quiet in this room.

2 次の文を（　）内の指示に従って書きかえるとき，空所に適する語を入れなさい。

☐ ❺ I take my dog to the park.（yesterday を加えて）
I (　　) my dog to the park yesterday.

☐ ❻ Tom visited his friend yesterday.（疑問文に）
(　　) (　　) (　　) his friend yesterday?

☐ ❼ Emi bought a new bag last month.（否定文に）
Emi (　　) (　　) a new bag last month.

-------- 🗨 ヒント --------

❶「昨年は雨がたくさん降りました。」last year「昨年」があるから過去の文。rain は複数にならないので，主語は単数。　❷「たくさんの生徒が，今ミレーの絵を見ています。」looking や now に注目して，現在進行形の文と判断。　❸「私たちの町の何人かの人々が公園をそうじするつもりです。」　❹「この部屋では静かにしなさい。」【注意】be 動詞の命令文。原形は be。　❺「私は昨日犬を公園へ連れていきました。」　❻「トムは昨日友達を訪れましたか。」　❼「エミは先月新しいかばんを買いませんでした。」

解答　❶ was　❷ are　❸ are　❹ Be　❺ took
❻ Did Tom visit　❼ didn't buy

③ 2 文がほぼ同じ意味になるように，（　）に適する語を入れなさい。

☐ ⑧ We had much snow last winter.

=There (　　　) much snow last winter.

☐ ⑨ There are seven days in a week.

=A week (　　　) seven days.

☐ ⑩ What are you going to do tomorrow?

=What (　　　) you (　　　) tomorrow?

☐ ⑪ Will you open the door?

= (　　　) (　　　) the door.

④ 次の（　）の語を正しく並べかえたとき，4 番めにくる語を答えなさい。

☐ ⑫ あなたはいつまでここにいるつもりですか。　　　　〔聖学院高〕

(here, are, going, how, you, long, to, stay)?

☐ ⑬ 公園にはまったく人がいなかった。　　　　〔堀越高－改〕

(people, there, any, not, were) in the park.

☐ ⑭ あなたはそのとき，自分の部屋で何を聞いていたのですか。

(you, then, room, were, to, in, what, your, listening)?

〔天理高－改〕

☐ ⑮ 私の妹は来月で 10 歳になります。

(month, old, my, ten, next, will, sister, years, be).

-------- ★ヒント --------

⑧「昨年の冬は雪が多かった。」【注意】snow，rain，water は常に単数。　⑨「1
週間は 7 日です。」　⑩「あなたは明日何をするつもりですか。」be going to ～＝
will ～　⑪「ドアを開けていただけますか。」≒「ドアを開けてください。」
⑫「いつまで」を「どのくらいの期間」と考える。How long are <u>you</u> going to
stay here?　⑬ There were not <u>any</u> people in the park.　⑭ What were you
<u>listening</u> to in your room then?　⑮ My sister will <u>be</u> ten years old next
month.

解答 ⑧ was　⑨ has　⑩ will，do　⑪ Please open
⑫ you　⑬ any　⑭ listening　⑮ be

8. 複数形のつくり方など

① 名詞の種類は★

> **My uncle has much money and many suits.**
> （おじはたくさんのお金とスーツをもっています。）

数えられる名詞 （複数形がある）	suit, book, apple ……〈普通名詞〉 family, class …………〈集合名詞〉
数えられない名詞 （複数形がない）	water, snow, rain ……〈物質名詞〉 love, time, peace ……〈抽象名詞〉 Japan, Tom ……………〈固有名詞〉

テストでは 次の（　）の正しい語を選びなさい。

複数形にするときは
語尾に注意。

❶ I have some (ア money　イ moneys).
❷ She has a lot of (ア friend　イ friends).
❸ I have no (ア time　イ times).
❹ We have a lot of (ア rain　イ rains).

② 普通名詞の表し方は★

> **There are many girls in the room.**
> （部屋の中にはたくさんの女の子がいます。）

動物や物などの名前を表す語で，次のように表す。

1 個の場合	a(an)をつける。an をつけるのは母音で始まる語。 an egg, an apple
2 個以上の場合	必ず複数形にする。 語尾に -s または -es をつける。

テストでは 次の（　）の正しい語を選びなさい。

❶ These are my father's (ア book　イ books).
❷ He saw a lot of (ア star　イ stars) last night.
❸ I watched TV for an (ア hour　イ hours).

解答　① ❶ア　❷イ　❸ア　❹ア
　　　　　② ❶イ　❷イ　❸ア

得点 UP! ①数えられる名詞と教えられない名詞を見分ける。
②複数形のつくり方をきちんと覚える。

③ **集合名詞は★**

> **Yumi's family lives in America.**
> （ユミの家族はアメリカに住んでいます。）

ここ重要 family や class など，同じものの集合体を表す名詞を <u>集合名詞</u> という。

| 単数扱いのとき | My **family** <u>is</u> large. 集合体を1つとみる。 |
| 複数扱いのとき | My **family** <u>are</u> all fine. 集合体の中の1つ1つを考える。 |

テストでは 次の（　）の正しい語を選びなさい。

❶ All my family (ア love　イ loves) dogs.
❷ His family (ア get　イ gets) up early.

④ **複数形のつくり方は★★★**

> **I saw many babies and children in the hospital.**
> （私は病院でたくさんの赤ん坊や子どもたちを見かけました。）

① ふつうは → -s	books, pens
② s, x, ch, sh, o で終わる語 → -es	dishes, boxes
③ 〈子音字 + y〉で終わる語 → y を i にかえて -es	stories, babies
④ f, fe で終わる語 → f を v にかえて -ves	knives, leaves
⑤ 不規則な語	man-**men**, child-**children**, foot-**feet** など

テストでは 次の（　）の語を正しい形にかえなさい。

❶ She made some beautiful (box) for him.
❷ Many (child) are running in the park.

 解答 ③ ❶ ア　❷ ア
④ ❶ boxes　❷ children

part 1
Ⓢ Ⓥ Ⓞ Ⓒ
文法編

1～7

8～12

13～17

18～23

24～29

30～37

38～44

45～50

part 2
😊 会話編

51～53

月　日

9. 数えられない名詞など

① -(e)s の発音は ★★

> **There are many new houses [hauziz] ハウズィズ in this town.**
> （この町にはたくさん新しい家があります。）

語尾の音	発音	例
無声音	[s]ス	books, cups
有声音	[z]ズ	boys, pens, bags
[s]ス [z]ズ [ʃ]シュ [ʒ]ジュ [tʃ]チ [dʒ]ヂ	[iz]イズ	dishes, churches buses, boxes

houses
[hauziz]
は例外だよ。

テストでは▶ 次の語群の下線部の発音がちがうものを選びなさい。
❶ (ア caps　　イ toys　　ウ sons)
❷ (ア matches　イ potatoes　ウ roses)

② 数えられない名詞の表し方は ★★

> **How about another cup of coffee?**
> （コーヒーをもう 1 杯いかがですか。）

物質名詞	一定の形がない物質や材料など。 water, money, tea, rain, snow, paper 注意 「たくさんの〜」はmuch〜と表す。
抽象名詞	一定の形がない性質など。 love, hope, work
固有名詞	人名や地名 Jane, Tokyo ← 大文字ではじめる。

テストでは▶ 次の( )の正しい語を選びなさい。
❶ We had (ア many　イ much) rain last month.
❷ There (ア is　イ are) some water in the river.

解答 ①❶ア　❷イ
　　 ②❶イ　❷ア

得点UP! ① 数えられない名詞は，動詞も単数に合わせる。
② 名詞の前におく語の使い分けを覚えよう。

③ **物質名詞の数え方は★**

> I was hungry then. I had <u>four pieces of</u> bread.
> （私はそのとき空腹だった。私は4切れのパンを食べた。）

ここ重要 物質名詞を数える時は，〈数＋単位を表す普通名詞＋of＋物質名詞〉の形で表す。

a glass of milk〔water〕	a cup of tea〔coffee〕
two glasses of milk〔water〕	two cups of tea〔coffee〕

普通名詞 I have **many** friends.

物質名詞 I have **much** money.

テストでは 次の( )の正しい語を選びなさい。

❶ Give me two sheets of (ア paper イ papers).
❷ There (ア is イ are) much water in the pool.

④ **名詞の前につける語は★★★**

> I saw a dog on the street. It was his dog.
> （私は通りで1匹の犬を見かけた。それは彼の犬だった。）

① a, an	数えられる名詞の前だけ。a cat, <u>an</u> egg
② the	数えられない名詞の前にも。the water, the rain
③ 所有格 my, your, his, her など	固有名詞以外。

ここ注意！ 所有格の前後に冠詞はつかない。

例 × a my bag × his the book × your a ball

テストでは 次の( )の正しい語を選びなさい。

❶ (ア A イ An ウ My) old friend of mine called me.
❷ Please give me (ア a イ the ウ many) butter.

 **解答** ③ ❶ア ❷ア
④ ❶イ ❷イ

part 1 (S V O) 文法編
1~7
8~12
13~17
18~23
24~29
30~37
38~44
45~50
part 2 😊 会話編
51~53

10. a / an / the など

① a(an), the の使い方 ★

> **I have a dog. The dog is very clever.**
> （私は犬を飼っています。その犬はとてもかしこい。）

a(an) (不定冠詞)	はじめて話題にする**不特定**のものに用いる。 an は**母音**ではじまる語の前に用いる。 an apple, an orange, an old man, an hour
the (定冠詞)	一度話題に出た**特定**のものや, 何をさすかはっきりしている とき。Open the door.

テストでは▶ 次の( )に正しい語を入れなさい。

❶ I bought ( ) pen. ( ) pen is very useful.
❷ Is this ( ) lemon or ( ) orange?

② 不定冠詞 a(an) の特別な使い方は ★★

> **I read five books a month.**
> （私は1か月につき5つの本を読みます。）

① 〜につき → an hour, a day, a week, a year
② 〜というものは → 種類全体をさす。
　 A cow is a useful animal.（牛というものは役に立つ動物です。）

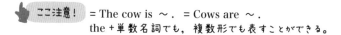 ここ注意！ = The cow is 〜. = Cows are 〜.
　　　　the ＋単数名詞でも, 複数形でも表すことができる。

テストでは▶ 次の( )の正しい語を選びなさい。

❶ Yuki goes to Tokyo three times (ア a　イ the) month.
❷ The bullet train runs at a speed of 300 kilometers
　 (ア the　イ a　ウ an) hour.

 解答 ❶ ❶a / The ❷a, an
　　　　　❷ ❶ア ❷ウ

得点 **UP!** ①何をさすかきまっているときは the をつける。
②きまったいい方(慣用表現)は暗記しよう。

③ 定冠詞 the をつける場合は ★★

数詞や形容詞は
the のあとにつけるよ。

The sun sets in the west.
(太陽は西に沈む。)

① 1つしかないもの	the sun, the earth, the moon
② 演奏する楽器の前	play the piano, play the guitar
③ 序数・最上級・only, same, last などの前。	
④ きまったいい方	in the morning, the United States

テストでは 次の( )の正しい語を選びなさい。

❶ (ア A イ The) sun is a big star.
❷ Monday is (ア a イ the) first day of the weekdays.
❸ She came home in (ア a イ an ウ the) evening.
❹ Does your sister play (ア a イ an ウ the) piano?

④ 冠詞をつけない場合は ★★

I went to school by bus today.
(私は今日はバスで学校に行きました。)

① 食事の前	have breakfast〔lunch, dinner, supper〕
② 交通手段	by car, by train, by plane, on foot
③ 建物・場所が本来の目的を表す	go to school〔bed〕
④ その他	at home, at school, step by step, from morning till night

テストでは 次の( )に適当な冠詞を入れなさい。不要なら×を入れなさい。

❶ I played ( ) tennis and played ( ) guitar after lunch.
❷ Jane goes to ( ) church on Sundays.
❸ He went to Korea by ( ) ship.
❹ I have ( ) breakfast at seven.

解答 ③ ❶イ ❷イ ❸ウ ❹ウ
④ ❶×, the ❷× ❸× ❹×

part **1**

S
V C
O
文法編

11. him / myself など

① 人称代名詞の格変化は★

> I like <u>him</u>. I talked with <u>him</u> for two hours.
> （私は彼が好きです。私は彼と 2 時間話をしました。）

主格 （主語になるとき）	所有格 （〜の）	目的格 （〜を、〜に）	主格 （主語になるとき）	所有格 （〜の）	目的格 （〜を、〜に）
I	<u>my</u>	me	it	its	<u>it</u>
you	your	<u>you</u>	we	our	<u>us</u>
he	his	him	they	<u>their</u>	them
she	<u>her</u>	her			

 ここ注意！ 前置詞のうしろも目的格。 look at **me** / walk up to **him**

 次の（ ）の語を正しい形にかえなさい。

❶ It was (he) first visit to Tokyo.
❷ I didn't know (it) name.

 代名詞がくる
位置によって
形が変わるよ。

② 所有代名詞の種類は★★

> Is this your book? — Yes, it is <u>mine</u>.
> （これはあなたの本ですか。 ―はい、私のもの〔本〕です。）

「〜のもの」のように「所有」を表す。
　my book = <u>mine</u>,　your pen = **yours**,　his cap = <u>his</u>
　her hat = **hers**,　our house = <u>ours</u>,　their dog = **theirs**
　例　Whose piano is this? — It's **mine**.

 次の（ ）の正しい語を選びなさい。

❶ This is (ア you　イ your　ウ yours) computer.
❷ Is this computer (ア you　イ your　ウ yours)?

 解答　① ❶ his　❷ its
　　　　　　② ❶ イ　❷ ウ

得点 UP! ①所有代名詞は単独で使う。
②再帰代名詞の慣用表現は暗記すること。

③ 再帰代名詞のいろいろ ★★

"It's difficult," I said to myself.
(「それはむずかしい」と私は心の中で思った。)

| 所有格＋～ self | myself, yourself, ourselves, yourselves |
| 目的格＋～ self | himself, herself, itself, themselves |

 Please help yourself to ～ . (～を自由にお食べください。)
say to ～ self（心の中で思う）

☞ ここ注意！ ～ self のふつうの意味は、「～自身」。

テストでは 日本語を参考に（ ）に適する語を入れなさい。

❶ "It's a good idea," he said to ( ).
（「それはよい考えだ」と彼は心の中で思った。）
❷ I will do it by ( ). （自分でそれをしよう。）

④ 指示代名詞のいろいろ ★★★

This is my camera. That is yours.
（これは私のカメラです。あれはあなたのもの〔カメラ〕です。）

	this	that
さすもの	近いもの	遠いもの
複　数	these	those
形容詞として使う	This is my bag. ＝ This bag is mine.	

these, those の
うしろの名詞は
複数形になるよ。

テストでは 次の（ ）の正しい語を選びなさい。

❶ These (ア is　イ are) my dictionaries.
❷ (ア That　イ Those) are my friends.

 解答 ③ ❶ himself　❷ myself
④ ❶ イ　❷ イ

右側縦ライン:
part 1
S V O C
文法編
1〜7
8〜12
13〜17
18〜23
24〜29
30〜37
38〜44
45〜50
part 2
会話編
51〜53

月　日

12. one / another / some など

1 不定代名詞 one の用法は★★

Do you have a bike? — Yes, I have one.
（自転車をもっていますか。―はい，〔自転車を〕もっています。）

前に出た名詞と同じ種類のものを表す。
one は「人」を指すときにも使う。
some**one**（だれか），every**one**（だれでも）

不特定のものかどうか
文の意味から判断しよう。

ここ注意！ I have some **bags**. They are good **ones**.
　　　　　　複数の名詞の場合は **ones** とする。

テストでは 次の（ ）の正しい語を選びなさい。

❶ I need a pen. Do you have (ア it　イ one)?
❷ This English book is easy. I can read (ア it　イ one).
❸ My umbrella is old. I want a new (ア it　イ one).

2 another, other の用法は★★★

I don't like this bag. Show me another.
（私はこのかばんは好きじゃない。別のを見せてください。）

| another | 「別のもの，もう1つのもの〔人〕」 |
| other | 「ほかのもの〔人〕」。複数は others |

ここ注意！ × the another　× anothers

これ暗記 each **other**, one **another** 「お互い」
one after another 「次々に」

テストでは 次の（ ）の正しい語を選びなさい。

❶ This book is difficult. Show me (ア another　イ other).
❷ We know each (ア another　イ other).

解答 ❶ ❶イ ❷ア ❸イ
　　 ❷ ❶ア ❷イ

得点 UP! ① it と不定代名詞 one の使い方を正しく区別する。
② some, any は形容詞として使うことが多い。

③ some, any の用法は ★★★

Some of us watched the program on TV.
（私たちの何人かはテレビでその番組を見ました。）

some, any は，ばく然とした数や量を表す。

肯定文	ふつうは<u>some</u>を使う。 例 I read **some** of these books.
否定文 疑問文	ふつうは any を使う。 例 I didn't read <u>any</u> of these books.

テストでは 次の（ ）の正しい語を選びなさい。

❶ (ア Some　イ Any) of them are from China.
❷ Was (ア someone　イ anyone) at home?
❸ I didn't see (ア some　イ any) of my friends.

④ It の特別な使い方は ★★★

It snows much in Hokkaido.
（北海道ではたくさん雪が降ります。）

① 天候・気候	It is fine.　It rains.　It is warm.
② 距離	How far is <u>it</u> from A to B? It is ～ miles〔kilometers〕.
③ 時間	What time is <u>it</u>?
④ 明暗	<u>It</u> got dark.「暗くなった」

テストでは 次の（ ）に適する語を入れなさい。

日付や曜日を答えるときも
It を使うよ。

❶ It ( ) yesterday.（昨日は雨が降った。）
❷ It ( ) very cold.（とても寒い。）

解答　③ ❶ア　❷イ　❸イ
　　　④ ❶ rained　❷ is

part
1
S V O C
文法
編

1〜7

8〜12

13〜17

18〜23

24〜29

30〜37

38〜44

45〜50

part 2
会話編

51〜53

まとめテスト②

1 次の（　）の正しい語を選びなさい。

- ☐ ❶ I have an (book, orange, pen).
- ☐ ❷ Tom ate three (pieces, glass, cups) of bread.
- ☐ ❸ She is (a, my, many) good friend of mine.
- ☐ ❹ I read a book in (an, a, the) morning.
- ☐ ❺ Some boys swam. (Others,　Another) didn't.

2 次の（　）の語を正しい形にかえなさい。

- ☐ ❻ Many (city) invite foreign students.
- ☐ ❼ I have two (bag).
- ☐ ❽ John and Dick are (child).
- ☐ ❾ How many (class) did you have yesterday?
- ☐ ❿ This ball is (he).
- ☐ ⓫ Bill will go to these (country) next year.
- ☐ ⓬ Those (man) are tennis players.

--------------------- ★ ヒント ---------------------

❶「私は1つのオレンジを持っている。」　❷「トムは3切れのパンを食べた。」
❸「彼女は私の親友の1人だ。」　❹「私は午前中に本を読む。」　❺「男の子の何人かは泳いだ。他の男の子たちは泳がなかった。」　❻「多くの都市が外国の生徒を招待する。」　❼「私は2つのカバンを持っている。」　❽「ジョンとディックは子どもだ。」　❾「あなたは昨日，何時間授業がありましたか。」　❿「このボールは彼のものです。」　⓫「ビルは来年これらの国に行くつもりだ。」　⓬「あの男の人たちはテニス選手だ。」

解答

❶ orange	❷ pieces	❸ a	❹ the
❺ Others	❻ cities	❼ bags	❽ children
❾ classes	❿ his	⓫ countries	⓬ men

3 次の日本文に合うように，( )に適する語を入れなさい。

☐ ⑬ 彼は1か月に3回大阪に行きます。

He goes to Osaka three ( ) ( ) month.

☐ ⑭ 私の父は毎日2杯のコーヒーを飲みます。

My father has two ( ) of ( ) every day.

☐ ⑮ 私は今ほとんどお金を持っていません。

I have ( ) ( ) now.

4 次の( )に適する語を入れなさい。

☐ ⑯ I didn't drink a ( ) of milk this morning.

☐ ⑰ I play ( ) piano.

☐ ⑱ I have two dogs. One is black and the ( ) is white.

5 次の語句を正しく並べかえるとき，3番めにくる語を答えなさい。

☐ ⑲ (brother, himself, my, likes).

☐ ⑳ (some, want, boxes, I).

☐ ㉑ This (is, pen, mine, red).

☐ ㉒ (a, have, lot, friends, you, of).

------- ヒント -------

⑯「私は今朝，グラス一杯の牛乳を飲みませんでした。」 ⑰「私はピアノをひきます。」 ⑱「私は2匹のイヌを飼っています。 — 1匹は黒で，もう1匹は白です。」 2人（2つ）のうち「1つ（1人）」は one，「残り」は the other。 ⑲「私の兄は彼自身のことが好きです。」 ⑳「私はいくつかの箱がほしいです。」 ㉑「この赤いペンは私のものです。」 ㉒「あなたにはたくさんの友だちがいます。」

解答 ⑬ times a ⑭ cups, coffee ⑮ little money

⑯ glass ⑰ the ⑱ other ⑲ likes

⑳ some ㉑ is ㉒ a

月　日

13. 形容詞の用法・位置など

① 形容詞の用法は ★

I saw many beautiful flowers in a large park.
（私は大きな公園でたくさんの美しい花を見ました。）

〈形容詞＋名詞〉の形で，名詞や代名詞を修飾する。

many flowers　　beautiful flowers　　large park
└─修飾　　　　　└─修飾　　　　　└─修飾

ここ重要
副詞があるとき→ *very* beautiful flower
冠詞があるとき→ *a* good boy, *the* big dog

テストでは 次の（　）の正しい語を選びなさい。

❶ You are (ア a kind　イ kind a) boy.
❷ I need (ア a easy　イ an easy　ウ easy a) book.
❸ Ken lives in (ア big　イ big the　ウ the big) house.

冠詞，副詞
は形容詞の
前だよ。

② 形容詞が2つ以上あるときの語順は ★★

I want that small green car.
（私はあの小さな緑の車がほしい。）

〈冠詞・所有格など＋数量＋大小＋性質＋名詞〉の語順になる。

冠詞 数量 大小 性質　名詞
the three big brown dogs
those five tall young English men

テストでは 次の（　）の正しい語を選びなさい。

❶ This is a (ア small new　イ new small) car.
❷ I want (ア long two　イ two long) pencils.
❸ He is a (ア tall young　イ young tall) boy.
❹ She has (ア long beautiful　イ beautiful long) hair.

解答 ① ❶ア　❷イ　❸ウ
② ❶ア　❷イ　❸ア　❹ア

③ 補語になる形容詞は ★★

This story is <u>interesting</u>.
（この物語はおもしろい。）

動詞のあとの形容詞を<u>補語</u>といい，主語の<u>状態</u>を表す。

He is **young**.（若い）
He looks **young**.（若く見える）
He became **famous**.（有名になった）
It sounds **interesting**.（おもしろそうだ）
He kept **silent**.（黙ったままだった）

補語になる形容詞のまえは
冠詞をつけない！

テストでは 次の（ ）の適当でない語を選びなさい。

❶ He is（ ア old イ boy ウ kind）.
❷ My father is（ ア honest イ tall ウ high）.
❸ She looks（ ア a happy イ happy）.

④ 〈-thing +形容詞〉の表し方は ★★★

I want <u>something cold</u>.
（何か冷たいものがほしい。）

ここ重要 something, anything, everything, nothing などの代名詞
は，うしろに<u>形容詞</u>をおく。

Give me <u>something hot</u>.（何かあたたかいものをください。）
Is there <u>anything new</u>?（何か新しいことがありますか。）

テストでは 次の（ ）に適する語を入れなさい。

❶ だれもが何かおもしろいことに夢中です。
   Everyone is crazy about（   ）interesting.
❷ 何かよいことがありますか。 Is there（   ）good?

解答 ③ ❶ イ ❷ ウ ❸ ア
④ ❶ something ❷ anything

part 1
S V O C
文法編

1〜7
8〜12
13〜17
18〜23
24〜29
30〜37
38〜44
45〜50

part 2
会話編

51〜53

part 1
文法編

月　日

14. many / much など

❶ 形容詞句とその用法 ★★

> **She put a basket <u>full of apples</u> on the table.**
> （彼女はりんごでいっぱいのかごをテーブルにおいた。）

形容詞に修飾語句がついたものを形容詞句という。

a basket **full of eggs** （卵でいっぱいのかご）

an old man **90 years old** （90歳の老人）

a book **useful to students** （学生に有益な本）
　　修飾　　　形容語句

数量をさす語が先にくるよ。

テストでは 次の（　）の語を正しく並べたとき，最後の語を答えなさい。

❶ He is a man (ア feet　イ six　ウ tall).
❷ I saw (ア train　イ full　ウ a　エ people　オ of).

❷ many と much の用法は ★★★

> **I have <u>many</u> friends, but I don't have <u>much</u> money.**
> （私は友人は多いが，お金はあまりもっていない。）

これ暗記 「多くの，たくさんの〜」は，数は <u>many</u>，量は <u>much</u>。

{ **many** ＋数えられる名詞の複数形 → many books
{ **much** ＋数えられない名詞の単数形 → much water

a lot of ＋{ 複数形 → a lot of cars
　　　　　　{ 単数形 → a lot of rain

テストでは 次の（　）の正しい語を選びなさい。

❶ We didn't have (ア many　イ much) rain last month.
❷ How (ア many　イ much) people were there then?

解答 ❶ ❶ウ　❷エ
　　　　❷ ❶イ　❷ア

36 | part1 | 文法編

得点 UP!
①形容詞句は名詞のうしろにおく。
②(a) few か (a) little は次にくる名詞の形できまる。

③ (a) few と (a) little の用法は ★★★

We have much rain in June but little rain in winter.
（6月にはよく雨が降るけれど冬はほとんど降りません。）

	少しの〜	ほとんど〜ない
数	a few books	few friends
量	a little milk	little money

 数えられない名詞のまえには little がつくよ。

テストでは 次の（ ）の適する語を選びなさい。

❶ There are (ア a few イ a little) students in this classroom.
❷ There (ア are イ is) little coffee in my cup.
❸ I have (ア few イ little) money now.
❹ There (ア is イ are) a few desks in the room.

④ no の使い方は ★★★

I have no money with me now.
（私はいまお金のもちあわせがない。）

〈no ＋名詞〉で「ひとつも〜ない」の意味。

no ＋単数名詞＝ not a 〜	no boy, no bag
no ＋複数名詞＝ not any 〜 s	no boys, no bags
no ＋数えられない名詞＝ not any 〜	no water, no milk

テストでは 次の（ ）の正しい語を選びなさい。

❶ There are (ア not イ no) clouds in the sky.
❷ There was (ア not イ no) rain last week.
❸ There (ア is イ are) no chair in the room.

 解答 ③ ❶ア ❷イ ❸イ ❹イ
④ ❶イ ❷イ ❸ア

S
V
O
C
文法編

月　日

15. 副詞のはたらき・位置

① 副詞のはたらきは★★

> **He speaks English <u>very well</u>.**
> （彼はとてもじょうずに英語を話します。）

① 動詞を修飾する	speak **slowly**　　know **well**
② 形容詞を修飾する	**very** tall　　**very** good　　**too** big
③ 副詞を修飾する	**very** well

テストでは 次の（　）に適する語を入れなさい。

❶ She is a good tennis player.
　= She plays tennis (　　).
❷ He is an early riser. = He rises (　　).

② 副詞を用いる位置は★

> **He went <u>there</u> yesterday.**
> （彼は昨日そこへ行きました。）

there や here のまえは to をつけない！

ここ重要　「場所」や「時」を表す副詞は、「場所＋時」の順で用いる。

場所 を表す副詞 =	here, there, over there（むこうに） near（近くに）, far（遠くに）, home

時 を表す副詞 =	now, then, early, tomorrow, yesterday, today など

テストでは 次の（　）の正しい語を選びなさい。

❶ My father came（ア early home　イ home early）.
❷ A friend of mine came（ア near then　イ then near）.
❸ I arrived（ア yesterday here　イ here yesterday）.

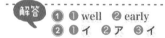

解答　①❶ well　❷ early
　　　　②❶イ　❷ア　❸イ

part 1
Ⓢ Ⓥ Ⓞ Ⓒ
文法編

1〜7
8〜12
13〜17
18〜23
24〜29
30〜37
38〜44
45〜50

③ 「頻度」を表す副詞の位置は★★★

I <u>always</u> **get up early in the morning.**
（私はいつも朝早く起きます。）

これ暗記　頻度を表す副詞には，always「いつも」，usually「<u>ふつう</u>」，often「しばしば」，sometimes「<u>ときどき</u>」，never「<u>けっして〜ない</u>」などがある。

一般動詞の前に	be 動詞，助動詞のあとに
He always walks to school.	She is always kind. I can never see it.

テストでは　次の（　）の語を適する場所に入れなさい。

❶ I get home early. (usually)
　ア　　イ　　ウ

❷ I will be late for school. (never)
　　ア　　イ　　ウ

副詞が入っても
動詞の活用の
ルールは変わら
ないよ。

④ too と either の用法は★★

My friend, Ken can speak English, <u>too</u>**.**
（私の友達のケンも英語を話せます。）

ここ重要　「〜もまた」という意味で，<u>too</u> は肯定文・疑問文に，<u>either</u> は否定文に用いられる。

too	肯定文	He can use this computer, too.
	疑問文	Can he use this computer, too?
either	否定文	He cannot use this computer, either.

テストでは　次の（　）の正しい語を選びなさい。

❶ I cannot swim. She cannot swim, (ア too　イ either).
❷ I can ski. Masako can ski, (ア too　イ either).

解答　③❶ア　❷イ
　　　④❶イ　❷ア

part 2
☺
会話編

51〜53

16. what / who / which など

① 疑問詞とその使い方は ★

> **What is this? — It is a camera.**
> （これは何ですか。—それはカメラです。）

who, whose, what, which などを疑問詞といい，疑問詞を文頭に出し，文の調子は最後を下げて読む。

 ここ注意！ 疑問詞の疑問文では，Yes / No で答えない。

テストでは 次の（　）の正しい語を選びなさい。

❶ （ア Who　イ Whose　ウ What) is that lady?
　— She is my mother.
❷ （ア What　イ Which) is yours? — This one is mine.
❸ （ア What　イ Whose) is this bag? — It is Kumi's.

② 疑問詞が主語のときの語順は ★★

> **Who made this beautiful doll? — My mother did.**
> （だれがこの美しい人形をつくったのですか。—私の母です。）

疑問詞が主語の時は，〈疑問詞＋動詞〜?〉で，ふつうの文と同じ語順になる。

Who is <u>that man</u>? — He is <u>Mr. Smith</u>.
　└主語　　　　　　　　　└補語
<u>Who</u> is your math teacher? — <u>Mr. Smith</u> is.
└主語　　　　　　　　　　　└主語

これ暗記 答えの文は，〈主語＋be 動詞〉または，〈主語＋do〔does, did〕〉の形で表す。

テストでは 次の（　）に適する語を入れなさい。

❶ （　　　） cooks dinner every day? — My mother does.
❷ Who called me? — Tomoko （　　　）.
❸ Who leaves home first? — I （　　　）.

解答 ① ❶ア　❷イ　❸イ
② ❶ Who　❷ did　❸ do

得点 UP! ①疑問詞が主語のときの答え方を覚えること。
②疑問詞も格変化するので使い分けること。

part
1
S V C
文法
編

1〜7

8〜12

13〜17

18〜23

24〜29

30〜37

38〜44

45〜50

part
2
会話
編

51〜53

③ 「人」をたずねるときは★

Who is the boy on the tree? — He is Tom.
（木の上にのぼっている少年はだれですか。—トムです。）

who を用いるが，who は格変化をする。

主　格（だれ（が））	Who is that girl?
所有格（だれの） 　　　（だれのもの）	Whose picture do you like? Whose is this car?
目的格（だれを〔に〕）	Who did you see?

テストでは 次の（　）の正しい語を選びなさい。

❶ （ ア Who　イ Whose　ウ Whom) won the match?
　— Jim did.
❷ （ ア Who　イ Whose) are these shoes?
　— They are Ken's.
❸ （ ア Who　イ Whose) car is this?
　— It's my father's.

④ 「物」をたずねるときは★

What will you have for lunch? — I'll have sandwiches.
（昼食に何を食べますか。—サンドイッチを食べます。）

what「何の〜」，which「どちらの〜」を用いる。
　What did you do yesterday?（昨日何をしましたか。）
　Which is your car?（どちらがあなたの車ですか。）

テストでは 次の（　）に適する語を入れなさい。

❶ （　　） is your book? — This is mine.
❷ （　　） language do you speak? — I speak English.
❸ （　　） cat is yours? — This cat is.

解答 ③ ❶ア ❷イ ❸イ
④ ❶ Which ❷ What ❸ Which

月　日

17. where / why / how など

① 「時」・「場所」・「方法」をたずねるときは★

> **Where does he live?** — He lives in Tokyo.
> （彼はどこに住んでいますか。—東京に住んでいます。）

時	When「いつ」	
場所	Where「どこで〔に〕」	＋ ふつうの疑問文
方法	How「どのようにして」	

疑問詞の意味は
まとめて覚えておこう。

テストでは 次の（　）の正しい語を選びなさい。

❶（ア When　イ Where）is your watch?
　— It's on the table.
❷（ア When　イ How）did he come here? — On foot.
❸（ア When　イ Where）will he visit us? — Next Sunday.

② 〈How＋形容詞〉の疑問文は★★★

> **How old are you?** — I'm fourteen years old.
> （あなたは何歳ですか。—14歳です。）

年　齢	How old is your father?
長さ・期間	How long is your vacation?
高　さ	How tall are you?
数	How many sisters do you have?
量・値段	How much is it?

テストでは 次の（　）に適する語を入れなさい。

❶（　）much money do you have? — Only 500 yen.
❷ How（　）is he? — He is 160 centimeters tall.
❸ How（　）people went to the party?

解答 　① ❶イ　❷イ　❸ア
　　　② ❶How　❷tall　❸many

① 何を問われているか考えて答えること。
② 原因・理由をたずねる文の答えは2通り。

③ Why でたずねる文の答え方は★★★

> **Why** were you absent yesterday? — **Because** I was sick.
> （なぜ昨日は欠席したのですか。―病気だったからです。）

Why は「なぜ」と，原因や理由をたずねる文に用いる。

疑問文	Why ＋ふつうの疑問文
答えの文	Because ＋主語＋動詞（なぜなら，〜だから）

テストでは 次の問答の正しいものをすべて選びなさい。

ア Why were you tired?
　 — Because I worked very hard.
イ Why do you study so hard? — I'll be a teacher.
ウ Why did you come late? — Because I got up late.

④ 〈Why 〜?〉に対する別の答え方は★★★

> **Why** did you go home early? — **To** help her.
> （なぜ早く帰宅したのですか。―彼女を手伝うためです。）

To 〜.「〜するためです。」と答えることもできる。
　Why did he go to the library? — To study.
　Why are you here? — To see him.

目的を答えるときは
「To を文頭におくよ。

ここ注意！ 不定詞（to ＋動詞の原形）で「目的」を表す。

テストでは 次の（　）に適する語を入れなさい。

❶ （　　　） did you get up early? — To go on a picnic.
❷ Why are you studying English?
　 — （　　　） go to America.
❸ Why were you there? — （　　　） have dinner.

 ③ ア, ウ
　　④ ❶ Why ❷ To ❸ To

右側のインデックス（縦書き）：

part 1
S V O C
文法編

1〜7
8〜12
13〜17
18〜23
24〜29
30〜37
38〜44
45〜50

part 2
会話編

51〜53

まとめテスト③

① 次の（　）の正しい語を選びなさい。

□ ❶ (Why, How, Where, Who) left these cans on the beach?

〔神奈川〕

□ ❷ (Why, What, Where, How) do you like Kyoto?
　　—I like it very much.　　〔徳島〕

□ ❸ (What, How, Where) do you go to school?
　　—I walk to school.　　〔札幌大谷高〕

□ ❹ We have (many, much) rain in June.

□ ❺ Look at the boy (over there, there over).

② 次の（　）の語を正しい形にかえなさい。

□ ❻ You speak (slow).

□ ❼ She looked (happily).

□ ❽ He got up (fast) this morning.

□ ❾ I play tennis very (good).

□ ❿ I don't like dogs. I don't like cats, (too).

▶ ヒント

❶「だれがこれらの缶を海辺に残したのですか。」　❷「京都をどう思いますか。—大好きです。」　❸「あなたはどのように学校へ行きますか。—歩いて行きます。」　❹「6月は雨がたくさん降る。」　❺「あそこにいる少年を見なさい。」　❻「あなたはゆっくりと話します。」　❼「彼女は幸せそうに見えた。」　❽「彼は今朝早く起きた。」　❾「私はとても上手にテニスをします。」　❿「私はイヌが好きではありません。私はネコも好きではありません。」

解答

❶ Who　　❷ What　　❸ How　　❹ much
❺ over there　　❻ slowly　　❼ happy　　❽ early
❾ well　　❿ either

part 1 Ｓ Ｖ Ｏ Ｃ 文法編

1〜7

8〜12

13〜17

18〜23

24〜29

30〜37

38〜44

45〜50

part 2 会話編

51〜53

③ 次の日本文に合うように，（　）に適する語を入れなさい。

☐ ⑪ その教室には１人も生徒がいませんでした。
There were (　　　) (　　　) in the classroom.

☐ ⑫ 私の父は毎日たくさんの水を飲みます。
My father has (　　　) (　　　) every day.

☐ ⑬ 私は今ほとんどお金を持っていません。
I have (　　　) (　　　) now.

④ 次の（　）に適する語を入れなさい。

☐ ⑭ (　　　) are you from? —I'm from Australia. 〔香川〕

☐ ⑮ Why were you absent? —(　　　) I was sick.

☐ ⑯ (　　　) is your pen? —This one.

⑤ 次の語句を正しく並べかえるとき，３番めにくる語を答えなさい。

☐ ⑰ (saw, I, few, there, a, birds).

☐ ⑱ (at, goes, usually, mother, to, my, eleven, bed).

☐ ⑲ (back, they, again, never, come, will).

☐ ⑳ Do (anything, you, want, hot)?

- - - - - - - - - - - - - - ▶ ヒント - - - - - - - - - - - - - -

⑭「あなたはどこの出身ですか。—オーストラリア出身です。」 ⑮「あなたはなぜ欠席したのですか。—病気だったからです。」 ⑯「どちらがあなたのペンですか。—こちらです。」 ⑰「私はそこで２，３羽の鳥を見ました。」 ⑱「母はたいてい11時に寝ます。」 ⑲「彼らは２度と戻ってこないでしょう。」 ⑳「あなたは何かあたたかい飲み物がほしいですか。」

解答 ⑪ no students　⑫ much water　⑬ little money
⑭ Where　⑮ Because　⑯ Which　⑰ a
⑱ usually　⑲ never　⑳ anything

18. What a big dog!

1 感嘆文とは★

> **What** a big dog (this is)!
> ((これは)なんと大きい犬なんでしょう。)

ここ重要 「なんと〜なんだろう」と 感動 を表す文を 感嘆文 という。

What a kind boy! (なんと親切な少年だろう)
How kind! (なんて親切なのだろう)
　うしろに〈主語＋動詞〉をつけると,
　　What a kind boy he is!　How kind he is!

〈！〉をエクスクラメーションマークというよ。

テストでは 次の( )の正しい語を選びなさい。

❶ (ア How　イ That　ウ What　エ When) a tall man!
❷ (ア How　イ Who　ウ Which　エ What) fast he runs!
❸ (ア How　イ Who　ウ What　エ When) tall your son is!
❹ What a fast swimmer he (ア does　イ is)!

2 What を使った感嘆文は★★

> **What** beautiful flowers (these are)!
> ((これは)なんと美しい花なんだろう。)

What を用いると,〈形容詞＋名詞〉を強めるはたらきをする。
　What a cold day! (なんと寒い日)
　What an interesting story! (なんとおもしろい話)

テストでは 日本語に合うように( )に適する語を入れなさい。

❶ なんとむずかしい本なんだ。
　( ) a difficult book!
❷ あれはなんと美しい山なんだろう。
　( ) a beautiful mountain that ( )!
❸ あなたはなんていい車をもっているんだ。
　( ) a nice car you ( )!

解答 ❶ ❶ウ　❷ア　❸ア　❹イ
❷ ❶What　❷What, is　❸What, have

得点 UP! ① what のうしろは，〈形容詞＋名詞〉。
② How のうしろは，形容詞または副詞。

③ How を使った感嘆文は ★★

How slowly that dog moves!
（なんてゆっくりあの犬は動くのだろう。）

How ＋形容詞！ → How happy! How great!
　主語＋動詞をつけると → How happy I am!
How ＋副詞！ → How well!（なんとじょうずなんだ）
　主語＋動詞をつけると → How well he sings!
　　　　　　　　　　　　　　　　　　↑
　　　　　　　　　　　　動詞は一般動詞

テストでは 次の（ ）の正しい語を選びなさい。

❶ How interesting this story（ア is　イ does）!
❷ How（ア good　イ well）she swims!

④ ふつうの文から感嘆文への書きかえは ★★★

He is very busy. → How busy he is!
（彼はとても忙しい。 → 彼はなんと忙しいのでしょう。）

what のうしろは
a（an）がつくよ。

very を What または How にかえる。

This is a very useful dictionary.
　　　　　　形容詞　名詞
What a useful dictionary this is!

This dictionary is very useful.
　　　　　　　　形容詞
How useful this dictionary is!

He runs very fast.
　　　　　副詞
How fast he runs!

テストでは 次の（ ）に適する語を入れなさい。

❶ （　　）a fine day it is today!
❷ （　　）tired I am!
❸ （　　）great pictures those are!

解答 ③❶ア ❷イ ④❶What ❷How ❸What

19. ～, aren't you?

① 付加疑問文とは★★

You are a junior high school student, aren't you?
（あなたは中学生ですね。）

ここ重要 「～ですね」と相手に同意を求めたり，念を押したりする文を付加疑問文という。

前の文が肯定 → 〈～, 否定の短縮形＋主語〉の語順。
　　　　　　　He is kind, isn't he?
前の文が否定 → 〈～, 肯定の疑問の形〉の語順。
　　　　　　　He doesn't play tennis, does he?

テストでは 次の（　）の正しい語を選びなさい。

❶ She is a very good pianist, (ア is　イ isn't) she?
❷ She likes music, (ア isn't　イ does　ウ doesn't) she?
❸ He isn't a doctor, (ア is　イ isn't　ウ does) he?

② 一般動詞のときの付加疑問の表し方は★★

He speaks English very well, doesn't he?
（彼はとてもじょうずに英語を話しますね。）

現在 〈don't〔doesn't〕＋主語（人称代名詞）?〉の語順。
You have a new car, don't you?

過去 〈didn't＋主語?〉の語順。
Yumi called me yesterday, didn't she?

ここ注意！ 否定文のうしろは，Ken didn't come, did he?

テストでは 次の（　）に適する語を入れなさい。

❶ Emi often writes to you, (　) she?
❷ You don't like the songs, (　) you?

解答 ① ❶イ　❷ウ　❸ア　② ❶doesn't　❷do

得点 **UP!** ① 肯定文には否定の，否定文には肯定の付加疑問。
② 命令文の付加疑問は暗記しよう。

part **1** (S V O) 文法編

1～7

8～12

13～17

18～23

24～29

30～37

38～44

45～50

part **2** 会話編

51～53

③ **be 動詞，助動詞のときの付加疑問の表し方は★★**

> **This is an interesting game, <u>isn't it</u>?**
> （これはおもしろいゲームですね。）

一般動詞のときの語順と同様にする。肯定文・否定文に注意。

肯定文 There are some parks in this city, aren't <u>there</u>?

否定文 There is not a piano in your room, is <u>there</u>?

☞ **ここ注意！** There is〔are〕～. の there は主語ではない。

テストでは 次の（ ）の正しい語を選びなさい。
❶ He can play the guitar, (ア can't イ isn't) he?
❷ He will come soon, (ア will not イ won't ウ will) he?

④ **命令文の付加疑問の表し方は★★★**

> **Open the window, <u>will you</u>?**
> （窓を開けてね。）

これ 暗記 命令文の付加疑問では will you?「～してくれませんか」を<u>文尾</u>につける。
　　Read it, will you?（それを読んでね。）

Let's ～「しましょう」の付加疑問は，次のように表す。
　　Let's sing songs, shall we?（歌をうたいましょうよ。）

テストでは 次の（ ）に適する語を入れなさい。

読むときは語尾をあげて発音するよ。

❶ Help me, ( ) you?
❷ Let's start at once, ( ) we?
❸ Let's have lunch, shall ( )?

解答 ③ ❶ ア ❷ イ ④ ❶ will ❷ shall ❸ we

月　日

20. I must clean 〜.

① must, have(has) to の意味は★★

> I <u>must</u> clean my room.
> （私は自分の部屋をそうじしなければなりません。）

ここ重要 must は「〜しなければならない」という意味で，<u>have</u> to と同じ。

must ＋動詞の原形〜 She **must** help me.	=	have to ＋動詞の原形〜 She <u>has</u> to help me.

ここ注意！ must は義務を表すほかに推量の意味も表す。
He must be kind. （彼は親切に違いない。）

テストでは 2文が同じ意味になるように（　）に適する語を入れなさい。

❶ Ken must study math. = Ken (　　) to study math.
❷ You must get up early tomorrow morning.
　= You (　　) to get up early tomorrow morning.

② must の疑問文は★★★

> <u>Must</u> I cook dinner? — No, you don't <u>have to.</u>
> （私が夕食をつくらなければなりませんか。—いや，その必要はありません。）

Must ＋主語〜？ Must I do it?	=	Do(Does)＋主語＋ have to 〜？ Do I <u>have to</u> do it?

ここ注意！ Yes, you must. （はい，する必要がある。）
No, you <u>don't</u> have to. （いいえ，しなくてもよい。）
<u>must not</u> は「〜してはいけない」の意味。

テストでは 次の（　）に適する語を入れなさい。

❶ Must I listen to the radio? — Yes, you (　　).
❷ Must she go to the party? — No, she doesn't (　　) to.

解答 ① ❶ has ❷ have　② ❶ must ❷ have

得点 **UP!**
① must は have to にかえて表現できる。
② must not は強い禁止を表す。

③ must を用いた否定文の表し方は ★★★

> **You must not〔mustn't〕speak loud in this room.**
> (この部屋では大声でしゃべってはいけません。)

これ
暗記
〈主語＋ must not〔mustn't〕＋動詞の原形〉で禁止を表す。
　　You must not ～ . = Don't ～ .
「～する必要がない，～しなくてもよい」は，次の語順。
　　〈主語＋ don't〔doesn't〕have to ＋動詞の原形～ .〉

テストでは 日本語に合うように( )に適する語を入れなさい。

❶ ここで遊んではいけない。
　 You ( ) not play here.

❷ 君は今日は仕事をしなくてもよい。
　 You don't ( ) to work today.

否定になると意味が
異なるので注意！

④ 未来や過去の表し方は ★★★

> **He will have to study Japanese.**
> (彼は日本語を勉強しなければならないだろう。)

未来形	過去形
will **have** to ～	**had** to ～
～しなければならないだろう	～しなければならなかった
We **will have to** be quiet. └→will must としない。	We **had to** be quiet. └→must に過去形はない。

テストでは 日本語に合うように( )に適する語を入れなさい。

❶ 私たちは明日家にいなければならないでしょう。
　 We will ( ) to stay home tomorrow.

❷ 私は眠らなければならなかった。I ( ) to sleep.

解答 ③ ❶ must ❷ have ④ ❶ have ❷ had

21. You can speak 〜.

① can の使い方は★★

> **You can speak English very well.**
> （あなたはとてもじょうずに英語が話せます。）

ここ重要 基本は「〜できる」の意味で、「可能」を表す。

基本の意味　Can he swim? （彼は泳げますか。）
その他の意味　He cannot be a doctor. （はずがない）
　　　　　　　Can I come in? （はいってもいい?）

テストでは 日本語に合うように（　）に適する語を入れなさい。

❶ あなたのお父さんはゴルフができますか。—いいえ、できません。
　（　　　） your father play golf? — No, he （　　　）.
❷ この服を買ってもいいですか。（　　　）I buy this dress?

② can の過去形は★★

> **He could not speak Chinese.**
> （彼は中国語を話せませんでした。）

ここ重要 could「〜できた」を用い、〈could ＋動詞の原形〉で表す。

can 〜 = be (is, am, are) able to 〜

could 〜 = was (were) able to 〜
　　└──ほぼ同じ意味──┘

テストでは 日本語に合うように（　）に適する語を入れなさい。

❶ 私はケーキをつくることができた。
　I （　　　） make a cake.
❷ ビルは湖でスケートをすることができた。
　Bill was （　　　） to skate on the lake.

どちらもうしろは動詞の
原形をつけるよ。

 解答 ① ❶ Can / cannot[can't]　❷ Can　　② ❶ could　❷ able

得点 UP!
① can ～ はbe able to ～ でいいかえられる。
② 未来は will be able to ～ で表す。

③ 未来を表すときは★★★

He **will be able to** speak English well soon.
（彼はすぐにじょうずに英語が話せるようになるでしょう。）

ここ注意！ 助動詞を 2 つ続けて用いることはできない。
× will can → ○ will be able to

否定文 won't be able to ～
I won't be able to go. （行けそうにないです。）

テストでは 次の文の（ ）に適する語を入れなさい。
❶ He can come. → He will be ( ) to come tomorrow.
❷ He cannot join the game.
→ He ( ) be able to join the game tomorrow.

④ Could you ～?，Can I ～? のいい方は★★★

Could you tell me the way to the ABC store?
（ABC 店に行く道を教えていただけませんか。）

～していただけませんか　　　～してもいいですか
Could you ～ ?　　　　　　Can I ～ ?
　↓　　　　　　　　　　　　↓
Yes. / Sure. など　　　　　Yes, ～ . / No, ～ . など

ここ注意！ Could you ～ ? は Can you ～ ? よりも丁寧な依頼になる。

テストでは 日本語に合うように（ ）に適する語を入れなさい。
❶ 手伝っていただけませんか。 ( ) you help me?
❷ あなたといっしょに行ってもいいですか。
Can I ( ) with you?
❸ 窓をあけていただけませんか。 ( ) ( ) open the window?

- -
 解答 ③ ❶ able ❷ won't ④ ❶ Could ❷ go ❸ Could you

part 1
S C V O 文法編

22. You may use ～.

1 may の意味は★★

> **You may use my dictionary.**
> （私の辞書を使ってもいいですよ。）

① 〈may ＋動詞の原形〉で「～してもよい」と「許可」を表す。
You may come in.
You can come in.（入ってもいいですよ。）
② may には「～かもしれない」の「推量」の意味もある。
He may be sick.（彼は病気かもしれない。）

テストでは 次の（　）の正しい語を選びなさい。

❶ You (ア are　イ may　ウ do) go home now.
❷ He may (ア is　イ was　ウ be) absent.

2 may の疑問文，否定文は★★★

> **May I join you? — Yes, you may. / No, you may not.**
> （あなたたちに加わってもいいですか。—はい。／いいえ。）

ここ重要 May I (we) ～? で「～してもいいですか。」と丁寧に許可を
求める表現となる。

May I (we) ～?
—Yes, you may. ／ No, you may not.
may not は must not 同様に「不許可」の意を表す。

 ここ注意！ He may not come.（彼は来ないかもしれない。）

テストでは 日本語に合うように（　）に適する語を入れなさい。

❶ それを試着してもよいですか。—いいですよ。
（　　）I try it on? — Yes, you（　　）.
❷ 明日は雨が降らないかもしれない。
It（　　）（　　）rain tomorrow.

答え方も覚えておこう。

解答 ❶ ❶イ ❷ウ ❷ ❶May / may ❷may not

得点 UP! ① may には「許可」と「推量」の2つの意味がある。
② should, had better は例文を暗記しよう。

S V O C 文法編

1~7

8~12

13~17

③ should の使い方は★★

You should try on some other sweaters.
（あなたはほかのセーターも試着してみるべきです。）

これ暗記 〈should＋動詞の原形〉「〜すべきである」「〜した方がよい」義務・助言

| 否定文 | should not 〜 「〜すべきでない」
You should not speak fast.
（君は早口でしゃべるべきではない。） |

be は
be 動詞の
原形だよ。

18~23

テストでは 日本語に合うように（ ）に適する語を入れなさい。

① 彼は注意すべきです。He ( ) be careful.
② あなたはあまり食べすぎないほうがよい。
　You should ( ) eat too much.

24~29

④ had better の使い方は★★

You had better help your mother.
（あなたはお母さんの手伝いをしたほうがよい。）

30~37

ここ重要 助動詞のようなはたらきをし、〈had better ＋ 動詞の原形 〉の語順で、「〜したほうがよい」という意味になる。

① had は，過去形でも現在の意味を表す。
② 否定は，had better not 〜 「〜しないほうがよい」
③ 省略形 → I'd better 〜. You'd better 〜.

38~44

45~50

テストでは 日本語に合うように（ ）に適する語を入れなさい。

① あなたはかさをもって行ったほうがよい。
　You had ( ) take an umbrella with you.
② 私は彼を待ったほうがよい。( ) better wait for him.

part 2 会話編

51~53

解答 ③ ① should ② not　④ ① better ② I'd

22 | You may use 〜 . | 55

23. Shall I ～?

① Shall I ～? の使い方は ★★

Shall we は相手を
誘うときに使うよ。

> **Shall I draw a map?**
> （地図をかきましょうか。）

これ暗記
Shall I ～ ?「～しましょうか」
Shall we ～ ?「(いっしょに)～しましょうか」

答え方
Shall I ～? — Yes, please. / No, thank you.
Shall we ～? — Yes, let's. / No, let's not.

テストでは 次の（　）の正しい語句を選びなさい。

❶ (ア Will　イ Shall　ウ Can) I help you? — Thank you.
❷ Shall we go? — Yes, (ア let's　イ we shall).
❸ What (ア will　イ shall) we do? — Let's play cards.
❹ (ア Shall　イ Can　ウ Will) I make lunch for you? — Yes, please.

② Will you ～? の使い方は ★★★

> **Will you show me another one? — All right.**
> （別のものを見せてくれませんか。—いいですよ。）

① 依頼 → 「～してくれませんか」と相手に頼むとき。
② 勧誘 → 「～しませんか」と相手を誘うとき。
　Will you come with me? / **Will you** have some tea?
　答え方 → Yes, I will. / All right. / Sure. / No, I won't.
③ 未来形の疑問文　「～するだろうか」

テストでは 次の文はア.依頼，イ.勧誘，ウ.未来のどれか答えなさい。

❶ Will you speak more slowly?
❷ Will you be busy tomorrow?
❸ Will you have some milk?
❹ Will you go to Canada next year?
❺ Will you open the door?

解答
① ❶イ　❷ア　❸イ　❹ア
② ❶ア　❷ウ　❸イ　❹ウ　❺ア

得点 **UP!** ① will you 〜？の3つの使い方を覚えよう。
② 助動詞は過去形でも過去を表すとは限らない。

③ would like 〜 の使い方は★★

> I **would like** this car.
> （私はこの車がほしいのですが。）

「〜したい」というときは would like to 〜 となるよ。

ここ重要
want のていねいな言い方になる。
「〜がほしいのですが，〜がほしいと思います」の意味。

疑問文	**Would** you like 〜？「〜はいかがですか」 (Do you want 〜？よりていねいな表現。)
省略形	**I'd** like 〜 .

テストでは 次の（　）の正しい語を選びなさい。

❶（ ア Would　イ Do）you like some tea? ― Yes, please.
❷ I would（ ア want　イ like）this book.

④ 助動詞の過去形は★★★

> I **could** not sleep well last night.
> （昨夜はよく眠れませんでした。）

現在形	過去形
can	could
will	would
shall	should
may	might

① must は過去形がないので had to 〜で表す。
② 形は過去形でも現在のことを表すことが多い
（特にていねいな表現に）。

テストでは 日本語に合うように（　）に適する語を入れなさい。

❶ 医者にみてもらうべきです。 You（　　）see a doctor.
❷ 私は昨日母の手伝いをしなければならなかった。
　 I（　　）to help my mother yesterday.

- -

解答 ③ ❶ ア ❷ イ　④ ❶ should ❷ had

✎ まとめテスト④

① 次の（ ）の正しい語句を選びなさい。

☐ ❶ (How, How an, What, What an) interesting book you have!

〔新潟第一高〕

☐ ❷ Mary must (clean, cleans, cleaning, cleaned) her room.

☐ ❸ (Will, Shall, Is, Does) his father going to start tomorrow?

〔三重高〕

☐ ❹ (Are, Will, does, Have) you open the door?　〔栃木〕

☐ ❺ You (made, had, gave, got) better study hard.

② 次の（ ）に適する語を入れなさい。

☐ ❻ You are going to be a doctor, (　　　) you?　〔滋賀〕

☐ ❼ You like small animals, (　　　) you?

☐ ❽ Let's play tennis, (　　) we?

☐ ❾ He likes soccer, (　　) he?

☐ ❿ Cathy is kind, (　　) she?

★ ヒント

❶「君はなんておもしろい本を持っているんだ！」〈What＋a〔an〕＋形容詞＋名詞〜！〉の形の感嘆文。【注意】冠詞を忘れやすいので注意。　❷「メアリーは彼女の部屋をそうじしなければなりません。」　❸「彼のお父さんは明日出発するのですか。」tomorrow に注目して未来の文だと判断。　❹「ドアを開けてくれませんか。」「〜してくれませんか」は Will you 〜？　❺「あなたは一生懸命に勉強したほうがよいです。」　❻「あなたは医者になるつもりですね。」　❼「あなたは小さな動物が好きですね。」

解答

❶ What an　❷ clean　❸ Is　❹ Will

❺ had　❻ aren't　❼ don't　❽ shall

❾ doesn't　❿ isn't

3 2文がほぼ同じ意味になるように，（ ）に適する語を入れなさい。

☐ ⑪ You must catch the last train.
= You (　　　) (　　　) catch the last train. 〔東海大第一高〕

☐ ⑫ Jane can't drive a car.
= Jane (　　　) able to drive a car. 〔九州共立大八幡西高〕

☐ ⑬ Don't be late for school.
= You (　　　) be late for school. 〔立命館高〕

☐ ⑭ What a great singer he is!
= How well he (　　　)! 〔桜美林高〕

☐ ⑮ I'm not going to meet him tonight.
= I (　　　) meet him tonight.

4 次の（ ）の語を正しく並びかえたとき，4番目の語を答えなさい。

☐ ⑯ あなたのペンを使ってもいいですか。
(use, your, I, pen, may).

☐ ⑰ あなたは宿題をやったほうがよい。
(had, do, you, homework, better, your).

☐ ⑱ スミスさんは来週カナダへ出発しなくてはならないでしょう。
Ms. Smith (have, Canada, next, for, to, will, leave, week).

☐ ⑲ ジムは速く泳げるようになるでしょう。
Jim (be, to, fast, able, will, swim).

------ ★ ヒント ------

⑧「テニスをしませんか。」 ⑨「彼はサッカーが好きですね。」 ⑩「彼女は親切ですね。」 ⑪「あなたは最終電車に乗らなくてはならない。」 ⑫「ジェーンは車を運転することができません。」 ⑬「学校に遅れてはいけません。」 ⑭「彼は何て偉大な歌手だろう！」＝「彼は何て上手に歌うのだろう！」

解答 ⑪ have to ⑫ isn't ⑬ mustn't ⑭ sings ⑮ won't ⑯ your ⑰ do ⑱ leave ⑲ to

まとめテスト ④ | 59

24. and / but / or / so

① and の使い方は ★★

I came home early <u>and</u> (I) studied for two hours.
（私は早く家に帰り2時間勉強しました。）

① 語(句)と語(句)を結ぶ → <u>Tom</u> and <u>Ken</u> are good friends.
　　　　　　　　　　　　　　語　　　　語

② 文と文を結ぶ → <u>My dog is old</u> and <u>yours is old, too.</u>
　　　　　　　　　　　文　　　　　　　　　文

👉 ここ注意！　both A and B 「A も B も（両方）」

テストでは▶ 日本語に合うように（　）に適する語を入れなさい。

❶ クミとエミは姉妹です。　Kumi（　）Emi are sisters.
❷ 私たちはそこに列車とバスの両方で行きました。
　 We went there（　）by train and by bus.

② but の使い方は ★★

Ken played football, <u>but</u> Tom didn't.
（ケンはフットボールをしましたが、トムはしませんでした。）

ここ重要　but は A but B 「A しかし〔だが〕B」のように，<u>反対</u>の内容
　　　　　のことを結ぶ。

His house is <u>old</u> but <u>clean</u>.（古いがきれい）

He is <u>very tired</u> but <u>he works very hard</u>.（疲れているが一生懸命に）

これ暗記　Excuse me, but ～「すみませんが～」

テストでは▶ 次の（　）にand か but のどちらかを入れなさい。

❶ My sister can swim（　）I cannot.
❷ My house is new（　）clean.

解答　① ❶ and　❷ both　　② ❶ but　❷ and

得点UP! ①接続詞は、語句と語句、句と句、文と文を結ぶ。
②前後の意味を考えて、正しい接続詞を使うこと。

③ or の使い方は★★

Do you like baseball or soccer?
（あなたは野球が好きですか、それともサッカー（が好き）ですか。）

A or B で「A かまたは B」「A それとも B」の意味。
語や句を選択するときに使われる。
　yes or no　（イエスかノーか）
　in June or in July　（6月か7月か）
　either A or B　「A か B かどちらか」

テストでは ▶ 日本語に合うように（　）に適する語を入れなさい。

❶ 私は夕食後宿題をするかテレビを見ます。
　I do my homework (　　) watch TV after dinner.
❷ 君か彼かどちらかが正しい。Either you (　　) he is right.
❸ あなたはペンかえんぴつのどちらかを使ってもよい。
　You may use (　　) a pen (　　) a pencil.

④ so の使い方は★

It rained a lot, so I didn't go out.
（雨がたくさん降ったので、外出しなかった。）

接続詞は前後の
文脈から判断しよう。

文と文を結ぶ接続詞で、「だから」「それで」の意味。
文頭にくることもある。
I was tired. So I didn't study.
（私は疲れていた。だから勉強しなかった。）

テストでは ▶ 次の（　）の正しい接続詞を選びなさい。

❶ He was sick, (or, so, but) he stayed home.
❷ She likes tea, (or, so, but) he doesn't like it.
❸ Tom was tired, (or, so, but) he went home early.
❹ I was tired, (or, so, but) I worked.

- -
 解答 ▶ ③ ❶or ❷or ❸either, or
　　　　　④ ❶so ❷but ❸so ❹but

part 1 S V O C 文法編
1〜7
8〜12
13〜17
18〜23
24〜29
30〜37
38〜44
45〜50
part 2 会話編
51〜53

| 24 | and / but / or / so | 61

月　　日

25. when 〜 / if 〜 / because 〜

① 従属接続詞 when, if, because などの使い方は★★

> **When** he came, I was reading a book.
> （彼が来たとき，私は本を読んでいました。）

When は接続詞で，「〜のとき」と時を表す。

When A(文) , + B(文).「A のとき B」
　　従属節 └──────→ 主節

従属節は主節 B を修飾して，時や条件や<u>理由</u>を表す<u>副詞節</u>である。

👉 ここ注意！ 〈主節＋従属節〉となることもある。コンマは不要。

テストでは▶ 次の日本語の正しい英文を選びなさい。

交通信号が緑のとき歩くことができます。
ア You can walk when the traffic light is green.
イ The traffic light is green when you can walk.

② when の用法は★★★

> **When** it rains, I stay at home.
> （雨が降るときは，私は家にいます。）

A と B の 2 つの文を結んで，「A のとき B」の意味。
　　When A, B = B when A

👉 ここ注意！ when 〜のように<u>時</u>を表す従属節の中では，未来のことも現在形で表す。
○ I'll go when he comes back.
× I'll go when he will come back.

3 人称のときは動詞に s を忘れずに！

テストでは▶ 次の（　）に適する語を入れなさい。
❶ I lived in Tokyo (　　　) I was a boy.（少年のとき）
❷ Draw the curtains (　　　) the sun comes in.（日光がさしこんできたら）

解答 ❶ ア　❷ ❶ when　❷ when

得点 UP!　①〈従属接続詞＋主語＋動詞〉を従属節という。
②時・条件・理由を表す従属節は，主節を修飾する。

③ if の用法は★★★

If you have time, please help me.
（もし時間があったら，私を手伝ってください。）

when と同じく接続詞で，「もし〜ならば」と条件を表す。

If A, B.　「もし A ならば B」　B if A.
└──── A と B の文をつなぐ ────┘

　ここ注意！　条件を表す従属節も，未来のことを現在形で表す。
If it is fine tomorrow, I'll go out.

テストでは　次の文のうち正しいものを選びなさい。

従属節を前に出すときは
「,（カンマ）」を忘れずに。

ア　You are busy if I'll help you.
イ　I'll help you if you are busy.

④ because の用法は★★★

I didn't have breakfast because I got up late.
（私はおそく起きたので，朝食を食べませんでした。）

because は「A なので B」と理由を表す。

Because A, B.　「A なので B」　B because A.
└──── A と B の文をつなぐ ────┘

　ここ注意！　Why 〜? の疑問文に，Because 〜. で答える。
Why were you absent?（なぜ欠席したのですか。）
Because I was sick.（病気だったからです。）

テストでは　日本語に合うように（　）に適する語を入れなさい。

❶ 彼女が親切だから好きです。I like her （　） she is kind.
❷ なぜ夏が好きなのですか。― 泳ぐのが好きだからです。
（　） do you like summer? ―（　） I like swimming.

解答　③ イ　　④ ❶ because　❷ Why / Because

26. I think that 〜.

① that の用法は★★★

> **I think that he is a good teacher.**
> （彼はいい先生だと思います。）

文が目的語になるとき，that 〜 「〜ということ」で結ぶ。
　I think that 〜. で「〜だと思う」。

```
┌主節┐┌─────従属節─────┐
I think that he is a good teacher.
主語 動詞    目的語 → 名詞節
```

that 以下が文の目的語になる場合は，動詞のあとにつづくよ。

テストでは ▶ 次の（　）の正しい語を選びなさい。

① I think (ア when　イ if　ウ that) he is kind.
② Please help me (ア if　イ that) you are free.
③ I hope (ア when　イ if　ウ that) he is kind.
④ He lived in Canada (ア when　イ if　ウ that) he was young.

② that の省略★

> **I know he can speak English very well.**
> （私は彼がとてもじょうずに英語をしゃべれるのを知っている。）

目的語になる文を結ぶ接続詞の that は省略できる。
　I know that ＋主語＋動詞…

```
主語 動詞       目的語 → 名詞節
I know you are kind.
主節 ↑         └know の目的語（君が親切だということ）
   └that の省略
```

テストでは ▶ 日本語に合うように（　）に適する語を入れなさい。

① トムはとても忙しいと思う。I (　　　) Tom is very busy.
② 私は彼が医者になりたがっているのを知っています。
　 I (　　　) he wants to be a doctor.
③ 私は彼女は先生だと思う。I (　　　)(　　　) is a teacher.

解答 ① ①ウ　②ア　③ウ　④ア
② ①think　②know　③think she

得点 **UP!**
① that 〜 は文全体の目的語になる名詞節。
② 主節の動詞が過去のときは、that 〜 の動詞も過去。

③ You think that 〜. の疑問文・否定文は★★

Do you think that this book is easy? — Yes, I do.
（この本はやさしいと思いますか。―はい、そう思います。）

ここ注意! 主節部分 you think を疑問文にして、あとはそのまま続ける。

疑問文 〈Do(Does, Did)＋主語＋ think that 〜 ?〉

答え方 〈Yes, ＋主語＋ do(does, did).〉
〈No, ＋主語＋ don't(doesn't, didn't).〉

否定文 You don't think that 〜. 「〜ではないと思う」

テストでは 日本語に合うように( )に適する語を入れなさい。

❶ トムが日本語を話せることを知っていますか。
Do you know ( ) Tom can speak Japanese?
❷ 雨は降らないと思う。I ( ) think that it will rain.

④ I think 〜. I know 〜. の過去形は★★★

I thought that he was kind.
（私は彼が親切だと思った。）

現在 I think that he is kind. ──┐
過去 I thought that he was kind. ──┘ 時制の一致

ここ注意! 主節の動詞(think)が過去になると、従属節の動詞も過去になる。（時制の一致）

過去
I know he can swim. → I knew he could swim.

テストでは 次の( )の正しい語を選びなさい。

❶ I knew that he (ア can イ could ウ will) drive.
❷ I thought that he (ア is イ was ウ did) young.

 解答 ③ ❶that ❷don't ④ ❶イ ❷イ

part 1
S V O C
文法編

1〜7
8〜12
13〜17
18〜23
24〜29
30〜37
38〜44
45〜50

part 2
会話編

51〜53

part 1
文法編

月　日

27. As I stopped doing homework ～

① 「～するとき」の文 ★

> **As** I saw him, he was watching TV.
> （私が彼を見たとき、彼はテレビを見ていました。）

従属節は主節を修飾して、時や条件や理由を表す副詞節である。ここでの as は「～するとき」という意味で「時」を表している。

👉 **ここ注意！** <主節 + 従属節>となることもある。 コンマは不要。

📝 **テストでは** 次の日本語を正しく英訳したものを選びなさい。

私はひまなとき、本を読みます。
ア　I read a book as I'm free.
イ　I'm free as I read a book.

② 「～するにつれて」の文 ★

> **As** you know him, you will like him more.
> （彼を知るにつれて、あなたはもっと彼のことを好きになるでしょう。）

ここでの as は「～するにつれて」という意味で「変化」を表している。

👉 **ここ注意！** as ～が作る従属節の中では、未来のことも現在形で表すので注意する。
○ Your idea may change as you grow up.
× Your idea may change as you will grow up.

📝 **テストでは** 次に（　）に適する語を入れなさい。

❶ I lived in Tokyo （　　　） I was a boy. （少年のとき）
❷ He will be fine （　　） time goes by.
（日が経つにつれて彼は元気になるでしょう。）

使い方と意味を
セットで覚えよう。

 解答 ❶ ア　　❷ ❶ as　❷ as

得点 UP!

① ＜従属接続詞＋主語＋動詞＞を従属節という。
② as にはさまざまな意味があるので，1つずつ覚えよう。

part
1
SVOC
文法編

1〜7

8〜12

13〜17

18〜23

24〜29

30〜37

38〜44

45〜50

part
2
会話編

51〜53

③ 「〜のような」の文 ★★

Our school has many different clubs <u>such as</u> English club and haiku club.
（私たちの学校には英語部や俳句部のようなたくさんのさまざまなクラブがあります。）

これ暗記 ＜名詞 A＋such as＋名詞 B＞で「〜のような…」という意味を表す。名詞 B には，名詞 A の具体的な内容を表す名詞を入れる。

I like <u>Japanese food</u> such as <u>sushi</u>.
　　　　名詞A　　　　　　　名詞B
　　　　　　　　　　（「日本食」の内容を具体的に表している）

テストでは 次の文のうち正しいものを選びなさい。

ア I want to visit as other countries such America.
イ I want to visit other countries such as America.

④ 「〜として」の文 ★★★

I want to have a dolphin <u>as</u> a pet.
（私はペットとしてイルカを飼いたいです。）

ここ重要 ＜as＋名詞＞で「〜として」という意味を表す。ここでの as は<u>前置詞</u>。

テストでは 日本語に合うように（　）に適する語を入れなさい。

❶ 私は姉として彼のことを助けます。
　 I'll help him (　　) his sister.
❷ 彼女は医者としてそこで働いています。
　 She works there (　　) a doctor.

解答 ③ イ　　④ ❶ as　❷ as

28. on / from / to など

① 前置詞のはたらきは★★★

> **I can see the house on the hill from my window.**
> （私の窓から丘の上の家が見えます。）

〈前置詞＋名詞（代名詞）〉で，形容詞や副詞のはたらきをする。

the house on the hill
名詞↑↑形容詞句
　（名詞を修飾）

I can see …… from my window.
動詞↑↑副詞句
　（動詞を修飾）

onは上にくっついている
イメージだよ。

テストでは　次の下線部は，形容詞句か副詞句か答えなさい。

❶ They always fly in a group.
❷ There are some children near the park.
❸ Signs on maps are different.

② 「場所」・「方向」を表す前置詞★★

> **He flew to London and met her at the airport.**
> （彼はロンドンに飛行機で行き，彼女に空港で会いました。）

at（狭い場所），in（広い場所）
on（（接触して）上に），over（（離れて）上に），under（下に）
from（〜から），to（〜へ），for（〜に向かって）
through（〜を通って），between（〜の間に）
into（〜の中へ），by（〜のそばに），near（〜の近くに）

テストでは　次の（　）に適する前置詞を入れなさい。

❶ There are some books（　）the desk.（机の上に）
❷ He lives（　）Kanda（　）Tokyo.

解答　① ❶副詞句　❷副詞句　❸形容詞句　② ❶on　❷at, in

part 1
S・C・V・O 文法編
1～7
8～12
13～17
18～23
24～29
30～37
38～44
45～50

③ 「時」を表す前置詞 ★★

> **He will come at ten on Sunday.**
> （彼は日曜日の 10 時にくるでしょう）

at	時の一点	at six, at noon, at night
on	曜日・特定の日	on Monday, on May 1
in	季節・月・年	in fall, in April, in 1990
for	～の間（時間の長さ）	for an hour, for a while
before	～の前に	before eight, before breakfast
after	～のあとで	after dinner, after school, after me

テストでは▶ 次の（　）に正しい前置詞を入れなさい。

❶ I got up (　) six (　) the morning.
❷ I was born (　) October 2, 1995.
❸ I studied math (　) two hours.

④ 「手段」・「方法」を表す前置詞 ★★

> **We went on a picnic by train.**
> （私たちは列車でピクニックに行きました。）

by ＋乗り物	by bus, by car, by bicycle
with ＋道具	with a knife, with a pen
in ＋言語など	in English, in a loud voice（大声で）
on ＋機械	on TV, on the radio

テストでは▶ 次の（　）の正しい語を選びなさい。

❶ I go to school (ア on イ by ウ with) bike.
❷ Tom will speak only (ア on イ by ウ in) English.
❸ I talked with her (ア on イ by ウ in) the telephone.

解答 ③ ❶at, in ❷on ❸for ④❶イ ❷ウ ❸ア

part 2
会話編
51～53

29. at last / in front of など

① その他よく使う前置詞 ★★★

We talked about the weather.
（私たちは天気について話しました。）

about	～について, ～ごろ	for	～のために
like	～のように〔な〕	in	～を着て
of	～の, ～の中で	by	～までに
with	～といっしょに	without	～なしで

テストでは▶ 次の（　）の正しい前置詞を選びなさい。

❶ I played tennis (ア about イ with ウ of) her.
❷ I must come home (ア by イ of ウ in) six.
❸ A friend (ア about イ for ウ of) mine called me.

② at を使った連語のいろいろ ★★★

At last they came to the river.
（とうとう彼らは川のところにきた。）

at first	最初は	at last	とうとう
at once	すぐに	not ～ at all	少しも～でない
look at	～を見る	be good at	～がじょうず
at home	家で〔に〕	at work	仕事中で〔に〕
at that time	その時	at the end of	～の終わりに

テストでは▶ 次の（　）に適する語を入れなさい。

❶ Look (　　) the blackboard. （黒板を見なさい。）
❷ I didn't study at (　　). （私は少しも勉強しなかった。）
❸ He is (　　) at soccer. （彼はサッカーがじょうずだ。）

解答　❶ ❶イ ❷ア ❸ウ　❷ ❶at ❷all ❸good

得点UP! ①よく使う前置詞の意味は正確に覚えること。
②前置詞を使う連語は1つずつ暗記しよう。

③ in, from を使った連語 ★★★

There is a big tree in front of his house.
（彼の家の前に大きな木があります。）

in front of	～の前に	in the morning	午前中に
in the sun	日なたに	in the future	将来(に)
in a group	グループで	in minutes	すぐに
be from	～の出身である	be absent from	～を欠席する

テストでは 次の( )の正しい語を選びなさい。

連語は意味とセットで覚えておこう。

① Sit down (ア on イ in ウ at) front of me.
② He'll be a teacher (ア in イ for) the future.
③ I was absent (ア of イ in ウ from) school.

④ for, of を使った連語 ★★★

I often look for my watch. （私はよくうで時計を探します。）

look for	～を探す	ask for	～を求める
wait for	～を待つ	stand for	～を意味する
for a while	しばらくの間	for example	たとえば
be proud of	～を誇りに思う	a kind of	一種の～
be full of	～でいっぱい	be fond of	～が好き

テストでは 次の( )に適する前置詞を入れなさい。

① He asked ( ) the money.
② ( ) example, how do we show "Come here, please" ?
③ He is proud ( ) his father.

解答 ③①イ ②ア ③ウ ④①for ②For ③of

29 | at last / in front of など | 71

まとめテスト⑤

1 次の**（　）**の正しい語句を選びなさい。

☐ ❶ I'm waiting (of, for, from, on) my friend.

☐ ❷ (If, But, That, And) Masao is busy, please help him.　〔島根〕

☐ ❸ I like sports such (to, like, as, with) soccer and tennis.

☐ ❹ If it (rain, rains, rained, will rain) tomorrow, I will stay home.

☐ ❺ She was in the hospital (with, on, for, at) two months.〔岡山〕

☐ ❻ I think (when, that, if, because) she is a doctor.

2 次の**（　）**に適する語を入れなさい。

☐ ❼ Emma is good (　　　) basketball.

☐ ❽ I go to school (　　　) bus.

☐ ❾ We eat soba (　　　) December 31.

☐ ❿ Both Malaysia (　　　) Japan are in Asia.　〔兵庫〕

☐ ⓫ John is proud (　　　) his uncle.

☐ ⓬ Come here (　　　) once.

☐ ⓭ The glass is full (　　) water.

------------------------------ ★ヒント ------------------------------

❶「私は私の友だちを待っているところです。」 ❷「もしマサオが忙しいのなら，彼を助けてください。」 ❸「私はサッカーやテニスのようなスポーツが好きです。」 ❹「もし明日雨が降ったら，私は家に滞在します。」 ❺「彼女は2か月間入院しました。」 ❻「私は彼女が医者ということを知っています。」 ❼「エマはバスケットボールが上手です。」 ❽「私はバスで学校へ行きます。」 ❾「私たちは12月31日にそばを食べます。」

解答 ❶ for　❷ If　❸ as　❹ rains　❺ for
　　　 ❻ that　❼ at　❽ by　❾ on　❿ and
　　　 ⓫ of　⓬ at　⓭ of

part
1
(S)(V)(C)(O)
文法編

1～7

8～12

13～17

18～23

24～29

30～37

38～44

45～50

part
2
会話編

51～53

③ 2文がほぼ同じ意味になるように，( )に適する語を入れなさい。

□ ⑭ John likes animals.

= John is ( ) ( ) animals.

□ ⑮ I have a lot of homework, so I'm busy today.

= I'm busy today ( ) I have a lot of homework.

□ ⑯ What does it mean?

= What does it stand ( )?

□ ⑰ I want some pets such as dogs and cats.

= I want some pets ( ) dogs and cats.

④ 次の( )の語を正しく並びかえたとき，4番目の語を答えなさい。

□ ⑱ 私はアンが忙しいということを知っています。

(know, Ann, I, that, busy, is).

□ ⑲ 彼はすぐに来るでしょう。

(in, will, minutes, he, come).

□ ⑳ 私の母は医者として働いています。

(a, mother, works, my, doctor, as).

□ ㉑ あなたは何を探していましたか。

(for, you, what, looking, were)?

------- ヒント -------

⑩「マレーシアと日本は，両方ともアジアにあります。」 ⑪「ジョンはおじさんを誇りに思っています。」 ⑫「すぐここに来なさい。」 ⑬「そのグラスは水でいっぱいだ。」 ⑭「ジョンは動物が好きです。」 ⑮「私は今日たくさんの宿題があるので忙しいです。」 ⑯「それは何を意味しますか。」 ⑰「私はイヌやネコのようなペットがほしいです。」

解答 ⑭ fond of ⑮ because ⑯ for ⑰ like
⑱ Ann ⑲ in ⑳ as ㉑ looking

30. I like to study ～.

① 不定詞とは★★

> **I like to study English.**
> （私は英語の勉強をするのが好きです。）

不定詞は〈to＋動詞の原形〉の形で表す。
　　He likes to studies English.
　　He liked to studied English.

 ①主語が何であっても形は変わらない。
　　　　②過去，未来でも形は変わらない。

動詞は原形だよ。
ミスに注意しよう。

テストでは 次の（　）の正しい形を選びなさい。

❶ My father is able to (ア swim イ swims) fast.
❷ I wanted to (ア see イ saw ウ seeing) him.
❸ She began to (ア cried イ cries ウ cry).

② 不定詞のはたらきは★★

> **I want to read this book.**
> （私はこの本を読みたい。）

① to read は want の目的語となり，名詞のはたらきをする。
　I want to read this book.
　　　　動詞　目的語→名詞
　主語

不定詞の3つのはた
らきを覚えておこう。

② 形容詞のはたらき → 文中の名詞を修飾する。
③ 副詞のはたらき → 文中の動詞を修飾する。

テストでは 名詞のはたらきをする不定詞をふくむ文を選びなさい。

ア I have some books to read.
イ He wants to be a teacher.
ウ I went to the library to do my homework.

 解答 ❶ ❶ア　❷ア　❸ウ　❷ イ

得点 UP! ①不定詞は主語や時制に関係なく〈to＋動詞の原形〉。
②不定詞は，文中で名詞・形容詞・副詞のはたらき。

part
1
Ⓢ
V
C

文法編

1
~
7

8
~
12

13
~
17

18
~
23

24
~
29

30
~
37

38
~
44

45
~
50

part
2

会話編

51
~
53

③ 文中での名詞の使われ方は★★

Jane has a new <u>piano</u>.
（ジェーンは新しいピアノをもっている。）

This **piano** is Jane's.
主語 → 名詞 ↑ 補語
　　　　動詞

名詞はそれぞれ，文の
主語・目的語・補語に
なっているよ。

Jane has a new **piano**.
主語動詞　　　名詞 → 目的語「〜を」

Jane is a good **pianist**.
主語動詞　　　名詞 → 補語

テストでは 下線部は，主語，目的語，補語のいずれか答えなさい。

❶ This <u>chair</u> is new and good.
❷ My father is a <u>doctor</u>.

④ 不定詞の名詞的用法とは★★

To see is to believe.
（見ることは信じることです。）

ここ重要 名詞（He, a student）と同じはたらきをする不定詞を，
名詞的用法の不定詞という。

<u>To see</u> is <u>to believe</u>.　　<u>He</u> is <u>a student</u>.
主語　　　補語　　　　　　主語　　補語

To see と He は主語のはたらき。
to believe と a student は補語のはたらき。

テストでは 次の不定詞のうち，名詞的用法の不定詞を選びなさい。

ア He went to the lake to swim.
イ To sing is a lot of fun.

 解答 ③ ❶ 主語 ❷ 補語 ④ イ

月　　日

31. To speak English is ～.

① 「目的語」として使われる不定詞の名詞的用法は★★★

> **He likes to read English books.**
> （彼は英語の本を読むのが好きです。）

to read は「読むこと」という名詞の意味で，like の目的語になっている。

```
        ┌ I like English books.
主語 ──┤   動詞      目的語
        └ I like to read English books.
```

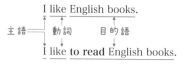

「～すること」という意味は
うしろに続くときは不定詞を
使うよ。

テストでは 次の( )の正しい形を選びなさい。

❶ He was (ア to write　イ writing　ウ write) a letter then.
❷ He likes (ア to write　イ writes　ウ write) letters.
❸ He must (ア to write　イ writing　ウ write) a letter.

② 不定詞を「目的語」にとる動詞は★★★

> **I want to be a teacher in the future.**
> （私は将来先生になりたい。）

| want to ～「～したい」 | like to ～「～するのが好き」 |
| begin to ～「～しはじめる」 | start to ～「～しはじめる」 |

 ここ注意！ 上の動詞の目的語である不定詞の意味は，いずれも
「～すること」であるが，慣れてきたら上記のように訳そう。

テストでは 次の( )の語を適する形にかえなさい。

❶ She tried (do) her best.　　❷ I want (go) to the movies.
❸ She wants (is) a translator.

 解答 ①❶イ　❷ア　❸ウ　　②❶ to do　❷ to go　❸ to be

part
1
S V O C
文法編

1 〜 7

8 〜 12

13 〜 17

18 〜 23

24 〜 29

30 〜 37

38 〜 44

45 〜 50

part
2
😀
会話編

51 〜 53

③ 「主語」として使われる不定詞の名詞的用法は★★

To speak English is difficult.
（英語を話すのはむずかしい。）

To speak English「英語を話すこと」が，文の主語になっている。

To swim is easy. （泳ぐこと）
主語

To be kind to others is good. （他人に親切にすること）
主語

テストでは 日本語に合うように（ ）に適する語を入れなさい。

❶ ゴルフをするのは簡単ですか。Is ( ) play golf easy?
❷ 英語の手紙を書くのはむずかしいです。
　（ ）（ ） a letter in English is difficult.

④ 「補語」として使われる不定詞の名詞的用法は★★

My hobby is to play the guitar.
（私の趣味はギターをひくことです。）

主語＝補語の
関係になるよ。

「〜すること」の意味で，文の補語になる。

My hobby is to play the guitar.
主語　動詞　　補語

> my hobby
> =to play the guitar

My job is to teach English.
主語 動詞　　補語

> my job
> =to teach English

テストでは 次の文の不定詞は，目的語か補語か答えなさい。

❶ I like to read books.
❷ My hobby is to make dolls.

 解答 ③ ❶ to ❷ To write ④ ❶目的語 ❷補語

part **1**

S
C V O

文法編

月　日

32. I went to the park to play ～.

① 不定詞の副詞的用法とは ★★

I went to the park <u>to play</u> baseball.
（私は野球をするために公園へ行きました。）

ここ重要
to play baseball「野球をするために」のように, 動詞 <u>went</u> を修飾する<u>副詞</u>のはたらきをしている不定詞を, <u>副詞的用法</u>の不定詞という。

副詞は, 動詞・形容詞・副詞を修飾するはたらきがある。
He came here **to meet** me. （私に会うために）
動詞└──修飾──┘

テストでは 次の下線部は, 名詞的用法か副詞的用法か答えなさい。

❶ I went to the library <u>to read</u> the book.
❷ My hobby is <u>to read</u> books.

② 「目的」を表す不定詞の副詞的用法 ★★★

She got up early <u>to help</u> her mother.
（彼女はお母さんの手伝いをするために早く起きました。）

ここ重要
to help her mother は「～するために」の意味で, 動詞 got up を修飾して「<u>目的</u>」を表している。

I went to my room **to sleep**. （眠るために）
動詞└───修飾───┘
He came home early **to watch** TV. （見るために（見に））
動詞└───修飾───┘

どんな意味でも
to のうしろは
動詞の原形。

テストでは 日本語に合うように( )に適する語を入れなさい。

❶ 私たちは生きるために食べる。We eat (　　) live.
❷ 私は花を見に公園へ行きました。
　I went to the park (　　) (　　) flowers.

解答 ① ❶副詞的用法 ❷名詞的用法 ② ❶to ❷to see

得点 UP!

① 「目的」を表す不定詞は「～するために」「～しに」の意味。
② 「原因」を表す不定詞は、「～して」の意味。

③ 「原因」を表す不定詞の副詞的用法★★★

I am happy to see you.
（私はあなたに会えてうれしいです。）

ここ重要　to see は感情、気持ちを表す形容詞を修飾し、「うれしい」
という感情の「原因」を表す副詞的用法。

be glad to ～, be happy to ～「～してうれしい」
be sad to ～「～して悲しい」
be surprised to ～「～して驚く」

テストでは　日本語に合うように( )に適する語を入れなさい。

❶ 私はそれを聞いてうれしい。 I am glad ( ) hear it.
❷ 彼女は私のメールを読んで驚くでしょう。
　 She will be surprised ( ) ( ) my e-mail.

④ Why ～? の答えとしての不定詞の用法は★★★

Why did you go there? — To take pictures.
（なぜあなたはそこに行ったのですか。 ―写真をとるためです。）

ここ重要　Why? の答え方は　Because ＋主語＋動詞.
　　　　　　　　　　　　　　To ＋ 動詞の原形.

例文の答えは, I went there to take pictures. の意味で, 目的を表す

不定詞の部分だけが答えになっている。

テストでは　次の問答の正しいものをすべて選びなさい。

ア Why were you late? — Because to got up late.
イ Why didn't you come? — Because I was sick.
ウ Why did you get up early? — To study English.

 解答　③ ❶ to　❷ to read　④ イ, ウ

33. I have many books to read.

1 不定詞の形容詞的用法とは★★

I have many books to read.
（私は読む（ための）本をたくさんもっています。）

 to read「～読むための」は、「本」という名詞を修飾する。
これを形容詞的用法の不定詞という。

名詞＋ to ～「～するための，～すべき」

homework **to do**「しなくてはならない宿題」

problems **to solve**「解決すべき問題」

テストでは 次の不定詞の中から，形容詞的用法の文を選びなさい。

ア I want to read some books.
イ I want some books to read.

2 ～ thing を形容詞が修飾するときの語順は★★★

I want something cold to drink.
（私は何か冷たい飲み物がほしい。）

 ～ thing の形の代名詞を修飾する形容詞はうしろから修飾するので，不定詞は形容詞のあとにおく。

〈～thing ＋形容詞＋不定詞〉の語順に注意。
Do you have anything interesting to read?
　　　　　　代名詞

（何かおもしろい読み物をもっていますか。）

テストでは 次のうち正しい文を選びなさい。

ア I have nothing important to do today.
イ Do you want hot anything to eat?

語順に注意しよう！

  1 イ　**2** ア

①形容詞的用法の不定詞は，名詞のうしろにある。
②〈疑問詞＋不定詞〉で動詞の目的語になる。

part 1
S V O C
文法編

1〜7
8〜12
13〜17
18〜23
24〜29
30〜37
38〜44
45〜50

part 2
会話編

51〜53

③ how to ～の使い方は★★

Do you know how to swim?
（あなたは泳ぎ方を知っていますか。）

〈疑問詞＋不定詞〉で動詞の目的語になり，名詞のはたらきをする。

how to ～「どうやって～するか，～のしかた」
how to cook「料理のしかた」
how to play tennis「テニスのしかた」

テストでは 次の( )の正しい語（句）を選びなさい。

❶ He doesn't know how (ア to skate　イ skate).
❷ I must learn (ア what　イ how) to speak English.
❸ She told me how (ア to use　イ to used) it.

④ what to ～の使い方は★★

I don't know what to do.
（私は何をしたらよいか分かりません。）

〈疑問詞＋不定詞〉で動詞の目的語になり，名詞のはたらきをする。

what to ～　「何を～したらよいか」
what to cook「何を作ればよいか」
what to buy　「何を買えばよいか」

テストでは 次の( )の正しい語（句）を選びなさい。

❶ He doesn't know what (ア to draw　イ draw).
❷ I didn't know (ア what　イ how) to say to him.
❸ Let's decide (ア to what　イ what to) buy.

解答 ③❶ア ❷イ ❸ア　④❶ア ❷ア ❸イ

34. It is fun to learn English.

① It is ... to ~. の文 ★★

It is difficult to study Chinese.
（中国語を勉強することはむずかしいです。）

ここ重要
不定詞が主語になって長い場合，It を仮主語として文頭に
出し，〈It is ... to + 動詞の原形 ~.〉「~することは…だ」の形
で表す。

To swim in the pool is interesting. ←主語が長い文

It is interesting to swim in the pool. （プールで泳ぐことはおもしろいです。）
仮主語　　　　　　真主語

テストでは It で始まる文に書きかえなさい。

❶ To skate is fun. → It is （　　）（　　） skate.
❷ To have breakfast is important.
　→（　　） is （　　）（　　） have breakfast.

It は
日本語に
訳さないよ。

② It is ... to do. の疑問文／否定文 ★★

Is it hard to study math? — No, it is not(isn't).
（数学を勉強するのはむずかしいですか。—いいえ。）

ここ重要
否定文では，be 動詞の後ろに not を置き，疑問文では，
① be 動詞を文の最初に置き，②文の最後に「?」を置く。

肯定文 It is important to read many books.

否定文 It is **not** important to read many books.

疑問文 **Is** it important to read many books?

テストでは 日本語に合うように，（　　）に適する語を入れなさい。

❶ 英語を話すことは簡単ではありません。It is （　　） easy to speak English.
❷ 本を読むことは興味深いですか。（　　）（　　） interesting to read books?

解答 ❶ ❶ fun to　❷ It, important to　　❷ ❶ not　❷ Is it

part 1
S V O 文法編

1〜7
8〜12
13〜17
18〜23
24〜29
30〜37
38〜44
45〜50

part 2
会話編

51〜53

③ It is ... for – to ~. の文 ★★

It is easy for me to read this book.
（私にとってこの本を読むことは簡単です。）

It is ... to ~. の文で，不定詞の動作をするのがだれかを言うときは，不定詞の前に〈for＋人〉を置く。

だれが↓
It is fun for Mary to sing.
仮主語　　（メアリーが歌う）

● 〈for＋人〉

〈for＋人〉は不定詞の意味上の主語を表す。

テストでは 次の( )に for か to を入れなさい。

❶ It is difficult ( ) become a pilot.
❷ It is important ( ) us ( ) learn English.

④ It is ... to ~. の疑問文／否定文 ★★

It is not easy for me to get up early.
（私にとって早く起きることは簡単ではありません。）

ここ重要 否定文では，be 動詞の後ろに not を置き，疑問文では，
① be 動詞を文の最初に置き，② 文の最後に「?」を置く。

肯定文 It is difficult for Tom to answer the question.

否定文 It is not difficult for Tom to answer the question.

疑問文 Is it difficult for Tom to answer the question?

テストでは 日本語に合うように，( )に適する語を入れなさい。

❶ 彼にとって日本語を書くことは難しくありません。
　( )( )( ) difficult for him to write Japanese.
❷ あなたにとって英語を勉強することは大切ですか。
　( )( )( ) for you to study English?

解答 ③ ❶ to ❷ for, to ④ ❶ It is not ❷ It is important

S
V O
C

月　　日

35. I don't know how to use this computer.

1 how to ~ の文 ★★

I know <u>how to</u> make a cake.
（私はケーキの作りかたを知っています。）

これ
暗記
〈how to ＋動詞の原形〉で「～のしかた」という意味を表し，ひ
とまとまりで動詞の目的語になる。

I know <u>how to ski</u>.
S　 V 　　 O
（スキーのしかた）

テストでは　次の（　）に適する語を入れなさい。

❶ She learned (　　) (　　) cook.（料理のしかた）
❷ Do you know (　　) (　　) (　　) soccer?（サッカーのしかた）
❸ I know (　　) (　　) (　　).（泳ぎかた）

2 what to ~ の文 ★★

I don't know <u>what to</u> do.
（私は何をしたらよいか分かりません。）

これ
暗記
〈what to＋動詞の原形〉で「何を～したらよいか」の意味を表し，
動詞の目的語になる。

My mother knows <u>what to read</u>.
S　　　　 V 　　　 O
（何を読めばよいか）

● what to ~

what to ~ は動詞
の目的語になる。

テストでは　次の（　）から適する語を選びなさい。

❶ Do you know (how, what) to say?（何と言えばよいか）
❷ He knows (how, what) to sing.（歌い方）
❸ I don't know (how, what) to drive.（運転のし方）

解答　❶ ❶ how to　❷ how to play　❸ how to swim
　　 ❷ ❶ what　❷ how　❸ how

part
1
Ⓢ Ⓥ Ⓒ
Ⓞ
文法編

1~7
8~12
13~17
18~23
24~29
30~37
38~44
45~50

part
2
会話編

51~53

 得点 UP!

① 〈疑問詞 + to〉のあとは動詞の原形が続く。
② 〈疑問詞 + to 〜〉は動詞の目的語になる。

③ where to 〜 の文 ★★

Do you know where to practice tennis?
（あなたはどこでテニスを練習したらよいか知っていますか。）

 これ暗記 〈where to + 動詞の原形〉で「どこに〔で〕〜したらよいか」という意味を表し，ひとまとまりで動詞の目的語になる。

I know where to stay.
S V   O
（どこに滞在したらよいか）

テストでは 次の（ ）に適する語を入れなさい。

❶ Our teacher told us ( ) to get a passport.
（どこでパスポートを手に入れたらよいか）
❷ He knows ( ) to sit down.（どこに座ればよいか）

④ when to 〜 の文 ★★

Do you know when to call him?
（あなたはいつ彼に電話したらよいか知っていますか。）

 これ暗記 〈when to + 動詞の原形〉で「いつ〜したらよいか」の意味を表し，動詞の目的語になる。

I know when to leave.
S V   O
（いつ出発したらよいか）

テストでは 次の（ ）に適する語を入れなさい。

❶ I know ( ) to visit the country.（いつその国を訪れたらよいか）
❷ Do you ask Mike ( ) to start?（いつ始めたらよいか）

 解答 ③ ❶ where ❷ where
④ ❶ when ❷ when

36. Reading books is ～.

① 動名詞とは★★★

Reading books is interesting.
（本を読むのはおもしろい。）

〈動詞の原形＋～ing〉で「～すること」の意味。
動詞と名詞の両方の性質をもつ。

「to ＋ 動詞の原形」と
同じ意味だよ。

 ここ注意！ 形は進行形の〈be ＋～ ing〉と同じだが，
進行形に使う～ ing は現在分詞という。

・動名詞 ～すること
・現在分詞「～している」

テストでは 次の～ ing 形は，動名詞か現在分詞か答えなさい。

❶ He is cleaning his room now.
❷ I like playing tennis.
❸ Jane was playing tennis then.

② 主語や補語になる動名詞の書きかえは★★

Seeing is believing.
（見ることは信じることです。＝百聞は一見にしかず。）

Seeing は主語，believing は補語である。

ここ注意！ 主語や補語の動名詞は不定詞に書きかえることができる。

動名詞 Seeing is believing.

不定詞 To see is to believe.

テストでは 次の下線部を動名詞に書きかえなさい。

❶ My hobby is to write stories.
❷ To make a cake is interesting.
❸ To get up early is good for your health.

解答
❶ ❶ 現在分詞　❷ 動名詞　❸ 現在分詞
❷ ❶ writing　❷ Making　❸ Getting

①動名詞は，主語・補語・目的語になって「〜すること」。
② enjoy 〜ing, finish 〜ing, stop 〜ing を暗記しよう。

③ 目的語になる動名詞は★★

I like swimming in the sea.
（私は海で泳ぐのが好きです。）

swimming「泳ぐこと」は，like の目的語になっている。
   I like swimming. = I like to swim.
主語 動詞 目的語

 ここ注意！ 動詞によっては，目的語に動名詞だけ，不定詞だけしか とらないことがある。

テストでは 次の下線部を動名詞にしなさい。

うしろに続く動詞の形を
間違えないようにしよう！

❶ It began to rain.
❷ My father likes to take pictures.
❸ He started to work for a bookstore.

④ 動名詞しか目的語にならない動詞は★★★

We enjoyed talking with each other.
（私たちはおたがいにおしゃべりを楽しみました。）

enjoy, finish, stop などの動詞は目的語に動名詞をとる。
・enjoy 〜ing「〜して楽しむ」　・finish 〜ing「〜し終える」
・stop 〜ing「〜するのをやめる」
  stop to 〜「〜するために立ち止まる」

テストでは 次の（　）の正しい語を選びなさい。

❶ My mother enjoys (ア to cook　イ cooking). （料理をして楽しむ）
❷ Stop (ア talks　イ to talk　ウ talking) now. （話すのをやめる）
❸ He finished (ア did　イ to do　ウ doing) the work.
  （仕事をし終えた）

 解答 ③ ❶ raining　❷ taking　❸ working
④ ❶イ　❷ウ　❸ウ

37. He is good at playing ～.

1 不定詞しか目的語にならない動詞は★★★

> **I want to play the violin.**
> （私はバイオリンをひきたいと思います。）

want は to ～ の不定詞を目的語にとる。

ここ注意！ 目的語に動名詞がとれない動詞

「～したい」	○ want to ～	×want ～ ing
「～を望む」	○ hope〔wish〕to ～	×hope〔wish〕～ ing

テストでは 次の（ ）の正しい語（句）を選びなさい。

❶ He wants （ア to speaks　イ to speak　ウ speaking） English.
❷ I hope （ア to see　イ seeing） you.

2 前置詞の目的語になる動名詞★★★

> **He is good at playing football.**
> （彼はフットボールをするのがじょうずです。）

ここ重要 前置詞のうしろは名詞，代名詞がくるので，「～すること」
という動名詞も前置詞のうしろ（目的語）における。

be fond of ～ing「～するのが好き」
前置詞 ↑ ┌─動名詞＝目的語
without ～ing「～しないで」

不定詞は前置詞
の目的語にはなら
ないよ。

テストでは 次の（ ）の動詞を適する形にかえなさい。

❶ He is fond of (ride) a bicycle.
❷ My father is good at (drive) a car.

解答 ❶ ❶イ ❷ア
❷ ❶ riding ❷ driving

得点 UP!
①動詞によって目的語が動名詞か不定詞か判断する。
②前置詞の目的語になる動名詞は連語として暗記する。

part
1
S
V
C
O
文法編

1〜7

8〜12

13〜17

18〜23

24〜29

30〜37

38〜44

45〜50

part
2
会話編

51〜53

③ 現在分詞と動名詞の区別は★★

My mother is cooking. Her hobby is cooking.
（母は料理をしています。彼女の趣味は料理をすることです。）

同じ形でも使い方によって意味が異なるよ。

 現在分詞 My mother is cooking.
〈be＋現在分詞〉→ 現在進行形

動名詞 Her hobby is cooking.
主語　動詞　補語

テストでは 下線部が動名詞のものをすべて選びなさい。

ア His job is teaching English.
イ He is teaching English at school.
ウ Her hobby is watching movies.
エ His brother is reading a book.

④ go 〜ing の用法は★★

He went swimming in the river this morning.
（彼はけさ川へ泳ぎに行きました。）

go 〜ing「〜しに行く」

| go fishing「つりに行く」 | go shopping「買い物に行く」 |
| go skiing「スキーに行く」 | go skating「スケートに行く」 |

 ここ注意！ 「〜へ…しに行く」の「〜へ」は in 〜とする。

テストでは 次の（ ）の語を適する形にかえなさい。

❶ Let's go (jog) tomorrow morning.
❷ He went (camp) in the village.
❸ Shall we go (hike)?
❹ We will go (fish) tomorrow.

 解答 ③ ア, ウ
④ ❶ jogging ❷ camping ❸ hiking ❹ fishing

まとめテスト⑥

1 次の 2 文がほぼ同じ意味になるように，（　）に適する語を入れなさい。

☐ ❶ I have a lot of work (　　　) (　　　) today.

　　= I must do a lot of work today.　　〔高知学芸高－改〕

☐ ❷ Let's play tennis.

　　= How (　　　) (　　　) tennis?

☐ ❸ Reading books is interesting for me.

　　= (　　　) interesting for me (　　　) (　　　) books.

2 次の（　）の語を適する形にかえなさい。

☐ ❹ It stopped (rain) this morning.　　〔安田女子高〕

☐ ❺ He finished (read) the story.　　〔東洋大附属姫路高〕

☐ ❻ I hope (see) you again.

☐ ❼ I want some books (read).

☐ ❽ Thank you for (call) me.

☐ ❾ She is fond of (see) movies.

★ ヒント ★

❶「私は今日しなくてはならない仕事がたくさんあります。」＝「私は今日たくさんの仕事をしなくてはならない。」a lot of work to do は不定詞の形容詞的用法。❷「テニスをしましょう。」＝「テニスをしてはいかがですか。」How about 〜ing?「〜してはいかがですか」　❸「私にとって本を読むことは興味深いです。」❹「今朝雨がやみました。」　❺「彼はその物語を読み終えました。」　❻「私はあなたにもう一度会いたい。」　❼「私は読む本が何冊かほしい。」　❽「私に電話してくれてありがとう。」　❾「彼女は映画を見るのが好きです。」

解答　❶ to do　❷ about playing　❸ It's, to read

　　❹ raining　❺ reading　❻ to see　❼ to read

　　❽ calling　❾ seeing

③ 次の( )の正しい語（句）を選びなさい。

□ ⑩ He went to England (saw, seeing, to see) Bob.

□ ⑪ We enjoyed (skiing, to ski, skied) this winter.

□ ⑫ Did you go (fish, fishing, to fish) last week?

④ 次の( )の語を正しく並べかえたとき、2 番めと 4 番めの語を答えなさい。

□ ⑬ 私は何と言うべきかわかりませんでした。

(say, know, to, didn't, what, I).

□ ⑭ 私は何かあたたかい飲み物がほしい。

(something, want, drink, I, to, hot).

□ ⑮ 私は大阪でどこへ行くべきか教えてください。

(me, tell, go, to, where, please) in Osaka.

□ ⑯ あなたはインターネットの使い方を知っていますか。

(know, to, you, the Internet, how, do, use)?

□ ⑰ サッカーをすることはあなたにとって楽しいことですか。

(soccer, fun, you, playing, is, to)?

□ ⑱ ボブは朝食を食べずに学校へ行きました。

(school, went, without, to, breakfast, Bob, having).

◀━━ ヒント ━━━━━━━━━━━━━━━━

⑩「彼はボブに会いに英国に行きました。」 ⑪「私たちはこの冬スキーを楽しみました。」 ⑫「あなたは先週魚つりに行きましたか。」 ⑬ I <u>didn't</u> know <u>what</u> to say. ⑭ I <u>want</u> something <u>hot</u> to drink. ⑮ Please <u>tell</u> me <u>where</u> to go in Osaka. ⑯ Do <u>you</u> know <u>how</u> to use the Internet? ⑰ Is <u>playing</u> soccer <u>fun</u> to you? ⑱ Bob <u>went</u> to <u>school</u> without having breakfast.

解答

⑩ to see   ⑪ skiing   ⑫ fishing

⑬ didn't, what   ⑭ want, hot   ⑮ tell, where

⑯ you, how   ⑰ playing, fun   ⑱ went, school

月　　日

38.〈主語＋動詞〉など

① 文の要素と修飾語 ★

> **I watched TV with my mother last night.**
> （私は昨夜母といっしょにテレビを見ました。）

文の骨組みになる部分，主語・動詞・目的語・補語を文の<u>要素</u>といい，それ以外を<u>修飾語(句)</u>という。

I watched TV with my mother last night.
主語 動詞 ┃目的語┃　　　修飾語句　　　┃　修飾語句

👆 **ここ注意！** with my mother も last night も副詞句（動詞を修飾）。

テストでは 次の文の下線部は，文の要素か修飾語か答えなさい。

❶ I went to the park <u>yesterday</u>.
❷ I like <u>English</u> very much.

② 修飾語のいろいろ ★

> **I met the man** <u>by the window</u> **at the party.**
> （私は窓のそばの男性にパーティーで会いました。）

修飾語には，名詞を修飾する<u>形容詞(句)</u>と，動詞を修飾する<u>副詞(句)</u>がある。

I met the man by the window at the party.
主語┃動詞 目的語┃修飾　形容詞句　　┃　副詞句
　　　　　　　　修飾

👆 **ここ注意！** 句は，2つ以上の語が集まって1つの品詞のはたらきをする。

テストでは 下線部の句は，形容詞句か副詞句か答えなさい。

❶ The book is written <u>in easy English</u>.
❷ The computer <u>on the desk</u> is mine.
❸ I have many books <u>to read</u>.

 解答 ① ❶ 修飾語　❷ 文の要素
② ❶ 副詞句　❷ 形容詞句　❸ 形容詞句

得点 UP! ① 副詞(句)は修飾語(句)で, 文の要素に入らない。
② SVC の C は主語について説明する語。S＝C

③ **SV の文は** ★

> I **went** to the library yesterday.
> （私は昨日図書館へ行きました。）

〈主語(〜は)＋動詞(〜する)〉だけが文の要素で，あとは修飾語である文をいう。主語は S, 動詞は <u>V</u> で表す。

<u>I</u> <u>went</u> <u>to the library</u> <u>yesterday</u>.
S ∨ 副詞句 副詞
　　　　└修飾語(句)┘

これ暗記 副詞(句)は文の要素に入らないので覚えておこう。

テストでは 次の文のうち SV の文型の文を選びなさい。

ア It is raining hard. 　　イ We are students.
ウ She loves her children.

④ **SVC の文は** ★★

> He **became** a doctor.
> （彼は医者になりました。）

became だけでは意味が不完全なので「何」になったのかという意味を補うことば(補語)が必要。補語は C で表す。

<u>He</u> <u>became</u> <u>a doctor</u>.
S ∨ C

<u>He</u> <u>is</u> <u>a student</u>.
S ∨ C

主語(S)＝補語(C)の
関係だよ。

テストでは 次の下線部が補語のものをすべて選びなさい。

ア She spoke <u>slowly</u>. 　　イ Tom will become <u>a teacher</u>.
ウ The boy on the tree is <u>my brother</u>.

解答 ③ ア
④ イ, ウ

part 1
S V C O 文法編

1〜7
8〜12
13〜17
18〜23
24〜29
30〜37
38〜44
45〜50

part 2
会話編

51〜53

part1

文法編

月　日

39.〈主語＋動詞＋目的語〉など

① SVC の文型をとる動詞は★★

I **am** a student of junior high school.
（私は中学生です。）

I am a student of junior high school.
S V C ——修飾—— 形容詞句

名詞・形容詞を補語にとる動詞 → be 動詞, become
形容詞だけを補語にとる動詞 → look「〜に見える」, get「〜になる」,
feel「〜と感じる」

テストでは 次の(　)の正しい語(句)を選びなさい。

❶ She looks (ア old　イ an old lady).
❷ It is getting (ア cold　イ the cold weather).

② SVO の文は★★★

I **like** <u>him</u> very much.
（私は彼がとても好きです。）

代名詞は目的格の
形を使うよ。

I(主語)と like(動詞)だけでは意味が完全ではないので，「何を(が)」好きな
のかを表す<u>目的語(O)</u>を補う。

I like **him** very much.
S V O ——副詞句
——修飾——

 ここ注意！ 動詞の目的語になるのは名詞(相当語句, 節)・代名詞。

テストでは 次の(　)の正しい語(句)を選びなさい。

❶ He called (ア I　イ my　ウ me) yesterday.
❷ It began (ア to rain　イ rainy　ウ rain).

解答 ① ❶ア　❷ア
② ❶ウ　❷ア

得点 UP!
①補語になるのは名詞と形容詞。目的語は名詞。
②CかOかは動詞で決まるが、S＝C、S≠O。

③ 目的語（O）のいろいろ ★★★

I know <u>that</u> he is a good baseball player.
（私は彼がじょうずな野球選手だということを知っている。）

👆 **ここ注意！** 目的語になるのは<u>名詞</u>や名詞と同じはたらきをする語句・節。

I <u>want</u> <u>to be</u> a musician. 〔不定詞〕
S ∨ O

He <u>stopped</u> <u>smoking</u>. 〔動名詞〕
S ∨ O

I <u>think</u> <u>that she is a great cook.</u> 〔that 節〕
S ∨ O

テストでは 日本語に合うように（　）に適する語を入れなさい。

❶ 私は宿題をし終わった。I finished (　　) my homework.
❷ あなたは彼が一生懸命勉強しているのを知っていますか。
　 Do you know (　　) he is studying hard?

④ SVC と SVO の区別は ★

Jane got a letter from him and she got <u>angry</u>.
（ジェーンは彼から手紙を受け取り、そして怒りました。）

👆 **ここ注意！** 同じ got でも文型によって意味がかわるので注意しよう。

Jane <u>got</u> a letter from him. → S ≠ O（S が O を「〜する」）
S   ∨   O（名詞）副詞句
　　（〜をもらった）

She <u>got</u> angry. → S ＝ C（C は S の「状態」）
S   ∨   C（形容詞）
　（〜になった）

テストでは 次の文の下線部は、補語か目的語か答えなさい。

❶ She feels <u>happy</u>.　❷ He took <u>many pictures</u>.

解答　③ ❶ doing ❷ that
　　　　④ ❶ 補語 ❷ 目的語

40. 〈主語＋動詞＋目的語＋目的語〉など

① SVOO の文は★★★

> **I gave him my watch.**
> （私は彼にうで時計をあげた。）

SVOO は，「～に（人）」，「～を（物）」と２つの目的語がある文型。

I gave him my watch.
S　V　O(人)　O(物)

> 「～に」→ 間接目的語
> 「～を」→ 直接目的語

テストでは▶ 次の（　）の正しい語句を選びなさい。

① I will give (ア you an apple　イ an apple you).
② Please show (ア me the way　イ the way me).
③ I made (ア a cake him　イ him a cake).
④ I'll send (ア her a letter　イ a letter her).

② SVOO の文型をとる動詞は★★★

> **Could you tell me the way to the station?**
> （駅に行く道を教えていただけますか。）

tell や次にあげた動詞は SVOO の文型をとる。

ask（～に…をたずねる）	make（～に…をつくる）
teach（～に…を教える）	show（～に…を見せる）
buy（～に…を買う）	send（～に…を送る）
bring（～に…をもってくる）	give（～に…を与える）

テストでは▶ 次の（　）の語句を入れるのに適した位置を答えなさい。

① I bought a new camera . (my son)
　　ア　　　イ　　　　　ウ
② I'll tell you . (something about it)
　　ア　イ　ウ
③ Mr. Suzuki teaches music . (us)
　　　　　ア　　　　イ　　　ウ

解答
① ①ア　②ア　③イ　④ア
② ①イ　②ウ　③イ

得点 UP!
① SVOO の文は，to (for) を使って SVO の文に。
② SVOC の文の C は，O の状態を説明する。O = C

③ SVOO から SVO への書きかえは★★★

> **I gave my watch to him.**
> （私は彼に私のうで時計をあげた。）

こゝ重要　SVOO の文は，〈S + V + 物 + to (for) + 人〉で書きかえられる。

He told me the story. = He told the story to me.
S V O O   S V   O

I bought her the bag. = I bought the bag for her.
S V   O   O   S V   O

to を使う動詞	give, tell, teach, show, bring など
for を使う動詞	make, buy, sing など

テストでは　次の（　）に適する語を入れなさい。

❶ She made a doll （　　） her daughter.
❷ Ms. Tanaka teaches English （　　） us.

④ SVOC の文は★★★

> **She calls her dog Kuro.**
> （彼女は自分の犬をクロとよびます。）

〈call + A + B〉で「A を B とよぶ」の意味。
　A は目的語(O)，B は補語(C)。O = C の関係になる。

Please call me Masa. （命令文。S は省略）
　　　　V O C

We named our dog Pochi.
S V   O   C

補語のまえは
何もつかない。

テストでは　次の（　）に適する語を入れて，ほぼ同じ意味の文にしなさい。

❶ Her name is Nancy. = We （　　）（　　） Nancy.
❷ What is the name of that river? = What do you （　　） that river?

解答　③ ❶ for ❷ to
　　　④ ❶ call her ❷ call

41. Ken is taller than I.

① 形容詞・副詞の変化 ★

> **Ken is taller than I. He is the tallest of all.**
> （ケンは私より背が高い。彼は全員の中でいちばん背が高い。）

形容詞 tall は taller - tallest と変化する。

than ~ は「~よりも」
of ~ は「~の中で」と
訳すよ。

　　もとの形 → 原級
　　語尾に -er → 比較級… 2 つのものを比べるとき。
　　語尾に -est → 最上級… 3 つ以上のものを比べるとき。

 ここ注意！ 副詞も同じように変化する。

テストでは 次の（　）の正しい語を選びなさい。

❶ 彼は私より年上だ。 He is (ア old　イ older) than I.
❷ 彼は 5 人の中でいちばん速く走ります。
　　He runs (ア fast　イ fastest) of the five.

② -er, -est のつけ方は ★★★

> **This dog is bigger than that one.**
> （この犬はあの犬よりも大きい。）

① ふつうは：-er -est	long-longer-longest
② -e で終わる語：-r, -st	large-larger-largest
③ 〈子音字＋y〉：y を i にかえて	easy-easier-easiest
④ 〈短母音＋子音字〉：子音字を重ねて	big-bigger-biggest

テストでは 次の（　）の語を比較級にかえなさい。

❶ This street is (wide) than that street.
❷ My soup is (hot) than yours.

 解答　① ❶イ　❷イ
　　　　　② ❶ wider　❷ hotter

③ more, most をつける比較級・最上級は ★★

> This flower is more beautiful than that one.
> （この花はあの花よりも美しい。）

次のようなつづりの長い語に，more, most をつける。

比較級 more 〜，最上級 most 〜		
famous （有名な）	popular	（人気がある）
useful （役に立つ）	interesting	（おもしろい）
important （重要な）	difficult	（むずかしい）

テストでは 次の（ ）の正しい語（句）を選びなさい。

❶ This book is （ア usefuler　イ more useful）than that.
❷ Baseball is （ア popularer　イ more popular）than basketball in Japan.

④ 不規則に変化する比較級・最上級は ★★★

> She can cook better than I.
> （彼女は私よりもじょうずに料理ができます。）

ここでの better は well の比較級。不規則に変化する。

不規則な変化をするもの		
原級	比較級	最上級
good, well ——	better ——	best
many, much ——	more ——	most

テストでは 次の（ ）の語を比較級にかえなさい。

❶ She plays the piano (well) than I.
❷ I have (many) books than you.

解答 ③ ❶イ ❷イ
④ ❶better ❷more

月　日

42. as ～ as …

1 形容詞の原級を使った比較の表し方は★★

My house is as large as yours.
（私の家はあなたの家と同じくらいの大きさです。）

ここ重要 〈as ～ as …〉で「…と同じくらい」という意味。
as と as の間には形容詞の 原級 がくる。

My dog is as big as yours. （同じ大きさ）
He is as old as my grandfather. （同じ年齢）
Soccer is as popular as baseball. （同じ人気）

テストでは 日本語に合うように（　）に適する語を入れなさい。

❶ 私はあなたと同じくらいの身長だ。 I am (　　) tall (　　) you.
❷ この本はあの本と同じくらいやさしい。
This book is as (　　) as that one.

2 副詞の原級を使った比較の表し方は★★

Tom can swim as well as you.
（トムはあなたと同じくらいじょうずに泳げます。）

形容詞と同じように，〈as ＋原級＋ as〉で表す。
「同じくらいじょうずに（速く，ゆっくりと，熱心に）～する」

　　　　 ┌── He can swim well.
　　　　 　　　　 └ 修飾 ┘
比較 → He can swim as well as you.
　　　　 　　　　　 └── 修飾 ──┘

副詞は動詞を
修飾するよ。

テストでは 日本語に合うように（　）に適する語を入れなさい。

❶ 私は彼と同じくらい速く走る。 He runs (　　) fast (　　) I.
❷ 私はけさ母と同じくらい早く起きました。
I got up as (　　) as my mother this morning.

解答 ❶ ❶ as, as ❷ easy
　　　　 ❷ ❶ as, as ❷ early

得点UP!
① 形容詞も副詞も同じ比較のしかたをする。
② than ～ 「～よりも」があったら比較級を使う。

part
1
S V O
C
文法編

1～7

8～12

13～17

18～23

24～29

30～37

38～44

45～50

part
2
会話編

51～53

③ **as ～ as …の文の否定の表し方は**★★

He is not as tall as you.
（彼はあなたほど背が高くない。）

これ暗記
〈not as ～ as …〉で「…ほど～ではない, …ほど～しない」という意味。

I'm not as old as you.
× 私はあなたと同じ年齢ではない。
○ 私はあなたほど年をとってはいない。（若い）

テストでは 次の英文の訳として適するものを選びなさい。

He cannot swim as well as you.
ア 彼はあなたと同じようにじょうずに泳げません。
イ 彼はあなたほどじょうずに泳げません。

④ **比較級を使った比較の表し方は**★★★

This story is more interesting than that one.
（この話はあの話よりもおもしろい。）

ここ重要
2つの物（2人の人）を比べて「…より～」という表現。
〈主語 + 動詞 + 比較級 + than …〉で表す。

This bag is smaller than that one.
He can run faster than I.

テストでは 次の（ ）の語を正しい形にかえなさい。

❶ My dog is (big) than yours.
❷ Mt. Fuji is (famous) than Mt. Shirane.
❸ He can speak English (well) than I.

 解答 ③ イ
④ ❶ bigger ❷ more famous ❸ better

part 1

S
V
c
O

文法編

月　日

43. Which is longer, 〜 or ...?

① 比較級の文の書きかえ方は★★★

> **I am taller than you.** → **You are <u>not as</u> tall <u>as</u> I.**
> （私はあなたより背が高い。→あなたは私ほど背が高くない。）

ここ重要

〈A is + 比較級 + than B.〉は，〈B is <u>not as</u> + 原級 + as A.〉に書きかえられる。

- My house is **larger than** yours.
- Your house is **not as large as** mine.
- →Your house is <u>smaller than</u> mine.

テストでは 次の文をいいかえたとき，正しい文を選びなさい。

My sister gets up earlier than I.
ア I don't get up as early as my sister.
イ I get up as late as my sister.

主語が何になるか
よく考えよう。

② 比較級を強める表現は★★

> **Mt. Fuji is <u>much</u> higher than Mt. Rokko.**
> （富士山は六甲山よりずっと高い。）

〈<u>much</u> +比較級〉で「よりずっと〜，はるかに〜」の意味。

<u>much more</u> useful 「はるかに役に立つ」
<u>much better</u> 「ずっとよい〔よく〕」
<u>more and more</u> 〜 「ますます多くの」
<u>better and better</u> 「だんだんじょうずに」

テストでは 「…よりずっと〜」という強調した文にしなさい。

❶ This book is (　　) easier than that one.
❷ This word is much (　　) important than that one.

解答
① ア
② ❶ much ❷ more

得点 UP! ① not as ~ as は比較級を使って書きかえられる。
② 「~より好き」「どちらが好き」の文は暗記しよう。

③ 「どちらがより~か」とたずねる文の表し方は★★★

> **Which** is longer, the Tone **or** the Yodo? ― The Tone is.
> （利根川と淀川とどちらが長いですか。―利根川です。）

〈Which is + 比較級, A or B?〉の形。「人」を比べるときは, ふつう Who ~?
で聞く。

副詞のとき	Who〔Which〕+一般動詞+比較級, A or B? 答え→ A〔B〕 does〔do, did〕.

👆 ここ注意！　× Which ~, A **and** B?

テストでは　次の（　）の正しい語を選びなさい。

❶ (ア Which　イ What) is easier, English or math?
❷ Who runs faster, Ken or Tom?
　― Ken (ア do　イ is　ウ does).

④ 「A のほうが B より好き」という表し方は★★★

> I like English **better than** math.
> （私は数学より英語が好きです。）

これ暗記　like A **better** than B で「A のほうが B よりも好き」の意味を表す。

「A と B とどちらが好きですか。」は次のように表す。
　Which **do** you **like** better, A or B?
　答え → I like A better. (than B は省略。)
　　　　　　└─ 省略しないこと

テストでは　次の（　）に適する語を入れなさい。

❶ Tom likes baseball better (　　) soccer.
❷ Which do you like (　　), dogs or cats?
　― I like dogs (　　).

解答　③ ❶ ア　❷ ウ
　　　④ ❶ than　❷ better / better

44. the highest mountain in Japan

1 形容詞の最上級を使った文の表し方は★★★

Mt. Fuji is <u>the highest</u> mountain <u>in</u> Japan.
（富士山は日本でいちばん高い山です。）

> **ここ重要**
> 3つ以上を比べて、その程度が「いちばん〜」というときに使う。形容詞の最上級はその前に必ず <u>the</u> をつける。
> the + 最上級 + in (of)〜「〜の中でいちばん」

in 〜 「〜」は範囲を表す語句。in his family, in the class
of 〜 「〜」は all や複数を表す語句。of us, of the four

> **テストでは** 次の（ ）に適する語を入れなさい。

うしろにくる語によって
前置詞が変わるよ。

❶ He is （　　　） tallest in his family.
❷ This book is the most interesting （　　　） all.
❸ This is the biggest house （　　　） this city.

2 副詞の最上級を使った文の表し方は★★★

Ken runs (the) fastest in his class.
（ケンはクラスでいちばん速く走る。）

> **ここ重要**
> <主語 + 一般動詞 + the + 最上級 + in (of)〜.> の形で
> 「〜の中でいちばん〜する」の意味を表す。

<u>John</u> <u>went home</u> <u>the latest</u> <u>of all.</u>
　S　 V 　修飾語　最上級　└of + 複数を表す語

> **ここ注意！** 副詞の最上級には the がつかなくてもよい。

> **テストでは** 日本語に合うように（ ）に適する語を入れなさい。

❶ 彼は全員の中でいちばん熱心に働く。He works the （　　　） of all.
❷ 彼女はクラスの中でいちばんじょうずに英語を話します。
　She speaks English the （　　　）（　　　） her class.

解答
❶ ❶ the ❷ of ❸ in
❷ ❶ hardest ❷ best in

得点 UP! ①形容詞の最上級には the をつける。
②「どれ〔だれ〕がいちばん〔好き〕」と聞く文は暗記しよう。

③ 「どれ〔だれ〕がいちばん〜」とたずねる表し方は★★★

Which is the most difficult question of all?
（全部の中でどれがいちばんむずかしい質問ですか。）

これ暗記 〈Which〔Who〕 is the＋最上級＋in〔of〕〜?〉で「どれ〔だれ〕が
いちばん〜」の意味を表す。

副詞のときは is を一般動詞にする。
This is **the most famous** story of them all.
Which is **the most famous** story of them all?

テストでは 日本語に合うように（ ）に適する語を入れなさい。

❶ だれがいちばん背が高いですか。
（ ） is （ ） tallest in your family?
❷ ３人の中でだれがいちばん速く走りますか。
Who （ ） the fastest （ ） the three?

④ 「3つ〔3人〕以上で〜がいちばん好き」とたずねる表し方は★★★

I like spring the best of all the seasons.
（私はあらゆる季節の中で春がいちばん好きです。）

これ暗記 〈like 〜 (the) best in〔of〕…〉で「…で〜がいちばん好き」の意
味を表す。

「どの〜がいちばん好きですか」とたずねるときは,
Which＋名詞＋ do you like (the) best?

ここ注意！ Which 〜? は限られた範囲，What 〜? はばく然とし
たことをきく。

テストでは 次の問答を完成させなさい。

あなたはどの季節がいちばん好きですか。―夏です。
（ ） season do you like the best? ― I （ ） summer the （ ）.

解答 ③ ❶ Who, the ❷ runs, of
④ Which / like, best

まとめテスト⑦

① 次の（　）の正しい語句を選びなさい。

□ ❶ He taught (our, we, us) English. 〔豊川高〕

□ ❷ He is the (good, better, best) player in the team.

□ ❸ She bought (to me, for me, me) a new bag.

□ ❹ A cow (drinks, eats, gives) us milk. 〔明星高〕

□ ❺ I like English (well, better, best) than math.

② ほぼ同じ意味の文になるように，（　）に適する語を入れなさい。

□ ❻ Math is more difficult than English.

= English is (　　　) (　　　) math. 〔札幌大谷高〕

□ ❼ What is the name of that river?

= What (　　　) you (　　　) that river? 〔新潟第一高〕

□ ❽ John is as old as Mary. Mike is older than they.

= Mike is (　　　) (　　　) of the three. 〔神戸山手女子高－改〕

□ ❾ Kyoto isn't as big as Tokyo.

= Tokyo is (　　　) than Kyoto.

□ ❿ Show me your picture.

= Show your picture (　　　) me.

------------------ ★ ヒント ------------------

❶「彼は私たちに英語を教えました。」 ❷「彼はチームでいちばん上手な選手です。」
❸「彼女は私に新しいバッグを買いました。」 ❹「牛は私たちに牛乳を与えてくれ
ます。」 ❺「私は数学よりも英語が好きです。」 ❻「数学は英語よりも難しい。」
=「英語は数学より簡単だ。」 ❼「あの川の名前は何ですか。」=「あの川を何と
呼びますか。」 ❽「ジョンはメアリーと同じ年です。マイクは彼らよりも年上です。」

------------------ 解答 ------------------

解答 ❶ us　　❷ best　　❸ me　　❹ gives

❺ better　　❻ easier than　　❼ do, call

❽ the oldest　　❾ bigger　　❿ to

（３）次の（ ）の語を正しく並べかえるとき，２番めと４番めにくる語（句）を答えなさい。

□ ⑪ (our, we, dog, call, Hana).

□ ⑫ My mother is (in, busiest, the, family, my). 〔神奈川－改〕

□ ⑬ Please (drink, me, to, something, give).

□ ⑭ My mother (as, can, well, English, you, as, speak).

□ ⑮ 父は私の誕生日に時計を買ってくれました。

(me, birthday, my father, on, bought, watch, a, my).

□ ⑯ あなたは何のスポーツがいちばん好きですか。

(you, sport, the, what, like, best, do)?

□ ⑰ 私の自転車はトムの自転車よりずっと古いです。

(much, Tom's, is, my, older, bike, than).

□ ⑱ どれがいちばんおもしろい本ですか。

(the, interesting, which, most, book, is)?

□ ⑲ 私に公園までの道を教えていただけませんか。

(me, could, tell, to, the way, you, the park)?

□ ⑳ 私はクラスでいちばん多く本をもっています。

(class, have, the, in, books, I, most, my).

------------------------------ ヒント ------------------------------

＝「マイクは３人の中でいちばん年上です。」 ❾「京都は東京ほど大きくない。」＝「東京は京都より大きい」 ❿「私にあなたの写真を見せてください。」 ⑪「私たちは自分たちの犬をハナと呼びます。」 ⑫「母は私の家族でいちばん忙しい。」⑬「私に何か飲み物をください。」 ⑭「母はあなたと同じくらい上手に英語を話せます。」 ⑮〈buy＋人＋物〉＝〈buy＋物＋for＋人〉 ⑱【注意】Which ～？は「（限られたものの中で）何がいちばん好きか」。 ⑲人に道を教えるときは，teach ではなく tell を使う。

解答
⑪ call, dog ⑫ busiest, my ⑬ me, to
⑭ speak, as ⑮ bought, a ⑯ sport, you
⑰ bike, much ⑱ is, most ⑲ you, me
⑳ have, most

月　　日

45. He is loved by ～.

① 能動態，受動態とは ★

I love him. = He **is loved** by me.
（私は彼を愛しています。＝彼は私に愛されています。）

能動態	受動態〔受け身〕
～を…する	～によって…される（されている）
I love him. S　V　　O	He **is loved** by me. 愛されている　私に

テストでは 次の文は，能動態か受動態か答えなさい。

❶ This book is read by many people.
❷ My father bought me a new dictionary.
❸ Is English spoken in Canada?

受動態で使う
動詞の形を過去
分詞というよ。

② 受動態の表し方は ★★

Kyoto **is visited** by many people.
（京都はたくさんの人々に訪れられる〔が訪れる〕。）

ここ重要 ＜主語 + be 動詞 + 過去分詞 + by ～.＞で，
「（主語が）～に〔によって〕…される，されている」の意味。

ここ注意！ ① by のあとは能動態の主語を目的格にする。
② by ～ がない受動態も多い。
③「～する」と日本語に訳すことも多い。

テストでは 次の（ ）の正しい語を選びなさい。

❶ This dictionary is used by（ ア he　イ his　ウ him）.
❷ English is（ ア speaking　イ spoken）in Australia.

解答 ① ❶受動態　❷能動態　❸受動態　② ❶ウ　❷イ

①受動態は，〈be 動詞＋過去分詞〉で「〜される」。
②動詞の活用〔現在─過去─過去分詞〕は暗記しよう。

③ **過去分詞の形は★**

> **This story is written by him and is loved by girls.**
> （この話は彼によって書かれ，女の子に愛されています。）

規則動詞	不規則動詞
love — loved — loved 過去形と同じ -ed の 形にする。	speak — spoke — spoken see — saw — seen make — made — made hit — hit — hit

テストでは 次の（ ）の語を正しい形にかえなさい。

❶ This car is (use) by him.
❷ English is (speak) by many people.

④ **受動態の疑問文・否定文の表し方は★**

> **Is this letter written in English? — Yes, it is.**
> （この手紙は英語で書かれていますか。―はい，そうです。）

be 動詞があるふつうの文と同じようにつくる。

肯定文	This letter is **written** in English.
疑問文	Is this letter **written** in English?
否定文	This letter is not **written** in English.

答え方も be 動詞の
疑問文と同じだよ。

テストでは 次の（ ）の正しい語を選びなさい。

❶ Is English (ア teaches イ teaching ウ taught) by him?
❷ This desk (ア doesn't イ isn't) used by her.
❸ (ア Do イ Are) these books read by the students?

 解答 ③ ❶ used ❷ spoken ④ ❶ ウ ❷ イ ❸ イ

part 1
S V O
文法編
1〜7
8〜12
13〜17
18〜23
24〜29
30〜37
38〜44
45〜50
part 2
会話編
51〜53

46. This letter was written by ～.

① 過去の受動態の表し方は ★★

> **This letter <u>was written</u> by him.**
> （この手紙は彼によって書かれました。＝彼が書きました。）

ここ重要
〈<u>was</u>（were）＋ <u>過去分詞</u> ＋ by ～〉の形で，
「（～によって）～された，～されていた」の意味。

現在形	This racket **is used by** Jane.
過去形	This racket **was used by** Jane.

ここ注意！ be 動詞は，主語が単数か複数か現在か過去かで判断。

テストでは 次の（　）に適する語を入れなさい。

❶ This cake（　　）made by Yumi yesterday.
❷ English and French（　　）spoken in Canada.

② 過去の受動態の疑問文・否定文の表し方は ★★

> **<u>Was</u> this book <u>written</u> by Hemingway? ― Yes, it was.**
> （この本はヘミングウェイによって書かれましたか。―はい。）

現在の文と同じ語順。be 動詞を<u>過去形</u>にすること。

疑問文	現在形	Is his room **cleaned by** him?
	過去形	Was his room **cleaned by** him?
否定文	現在形	This book is **not read by** young people.
	過去形	This book was **not read by** young people.

テストでは ほぼ同じ内容を表すように（　）に適する語を入れなさい。

❶ Did he use the pen? ＝（　　）the pen used by him?
❷ She didn't take the pictures yesterday.
　 ＝ The pictures（　　）not taken by her yesterday.

解答 ① ❶ was ❷ are ② ❶ Was ❷ were

得点 UP! ①能動態を受動態にするには、目的語を主語にする。
② SVOO の文型は受動態が 2 つできる。

③ SVO の文型の受動態への書きかえは ★★

> He loves his dog. = His dog is loved by him.
> （彼は彼の犬を愛しています。= 彼の犬は彼に愛されています。）

能動態の目的語を主語にして、受動態にする。

能動態　He　loves　his dog.
　　　　S　　V　　　O

受動態　His dog　is loved　by him.
　　be 動詞+過去分詞 —｜　　　 ｜— by +目的語

テストでは 能動態を受動態にして、（　）に適する語を入れなさい。

① Ken washed the car. = The car (　) washed by Ken.
② She speaks three languages.
= Three languages (　) spoken by (　).

④ SVOO の文型の受動態への書きかえは ★★

> He gave me a pen. = I was given a pen by him.
> （彼は私にペンをくれました。= 私は彼にペンをもらいました。）

上の例文は、me と a pen と目的語が 2 つある。

He gave me a pen.
S　V　O　O
I was given a pen by him.

He gave me a pen.
S　V　O　O
A pen was given me by him.

テストでは 次の文を受動態にして、（　）に適する語を入れなさい。

Emi told me interesting stories.
① I was (　) interesting stories by Emi.
② Interesting stories (　) told (　) by Emi.

解答 ③ ① was ② are, her ④ ① told ② were, me

| 46 | This letter was written by ~ . | 111

part 1 SVO 文法編
1~7
8~12
13~17
18~23
24~29
30~37
38~44
45~50
part 2 会話編
51~53

47. I was named Taro by ～.

1 SVOCの文型の受動態への書きかえは★★

He named me Taro. = I was named Taro by him.
（彼が僕を太郎と名づけた。＝僕は彼に太郎と名づけられた。）

補語(C)はそのまま動詞のあとに残す。

We call the first season spring.
S　V　　　　O　　　　　C

The first season is called spring (by us).
（最初の季節は春とよばれます。）←── be動詞＋過去分詞

テストでは 能動態を受動態にして、（　）に適する語を入れなさい。

❶ We call our dog Pochi. = Our dog is (　　) (　　).
❷ She left the door open. （彼女はドアを開けたままにした。）
　= The door was left (　　) by her.

2 否定文の受動態への書きかえは★★★

I don't use the bike. = The bike isn't used by me.
（私はその自転車は使いません。）

肯定文になおして考えてみるとよい。日本語で考えると、使わない→使われない（主語は bike）となる。

肯定文	I use the bike.
受動態	The bike is used by me.
否定文	The bike isn't used by me.

be動詞＋過去分詞

目的語を主語にもってくるよ。

テストでは 能動態を受動態にして、（　）に適する語を入れなさい。

❶ We didn't see stars. = Stars (　　) not seen.
❷ He didn't invite me to the party.
　= I (　　) invited to the party by him.

解答 ❶ ❶ called Pochi ❷ open　❷ ❶ were ❷ wasn't

得点UP! ①疑問文や否定文はbe動詞のときと同じになる。
②疑問文や否定文の書きかえは主語に気をつける。

③ 疑問文の受動態への書きかえは★★★

Did he open the door? = Was the door opened by him?
(彼がドアを開けたのですか。)

否定文と同じように，肯定文になおして考えてみるとよい。日本語で考えると，開けましたか → (ドアは)開けられましたか となる。

能動態 He opened the door.

受動態 The door **was opened by** him.

疑問文 Was the door opened **by** him?

テストでは 能動態を受動態にして，( )に適する語を入れなさい。

❶ Does he use this cup? = (　　) this cup (　　) by him?
❷ Did Masako make this cake?
= (　　) this cake made by Masako?

④ 疑問詞のついた受動態の疑問文の表し方は★★★

When were these pictures taken?
(これらの写真はいつとられましたか。)

疑問詞がつく受動態の疑問文は〈疑問詞＋be動詞＋主語＋過去分詞〉になる。

能動態 **Where** did they play the game?

受動態 **Where was** the game **played** (by them)?

疑問詞が主語の場合 → Who was invited by him?
答え → Aki and I were.

テストでは 日本語に合うように( )に適する語を入れなさい。

❶ この花は何と呼ばれていますか。 (　　) is this flower called?
❷ スワヒリ語はどこで話されていますか。 Where is Swahili (　　)?

解答 ③ ❶ Is, used ❷ Was ④ ❶ What ❷ spoken

48. English is spoken in 〜.

月　日

① 受動態から能動態の書きかえは ★★

> **He is loved by everyone. = Everyone loves him.**
> （彼はみんなに愛されています。＝ みんなは彼を愛しています。）

能動態を受動態にかえた方法の逆をすればよい。

受動態　This picture **was drawn by** him.
　　　　　　　　　　　　過去分詞　　目的格

能動態　He **drew** this picture.
　　　　　　主格過去形　　目的格

テストでは 受動態を能動態にして，（　）に適する語を入れなさい。

❶ The story was told by her. = She (　　) the story.
❷ Is her room cleaned by her every day?
　= (　　) she clean her room every day?

② by 〜 の省略された受動態は ★

> **English is spoken in America.**
> （アメリカでは英語が話されています。）

ここ重要　行為者が一般の人々や，いう必要のない場合は by は省略
される。

He is called Bob (by us). （彼はボブとよばれている。）
Those signs are written in English (by them).
（それらの標識は英語で書かれている。）
That store is opened at ten (by them).
（あの店は 10 時に開く。）

テストでは 次の（　）の正しい語を選びなさい。

❶ The video is used (ア by　イ in　ウ on) our class.
❷ Books are sold (ア by　イ on　ウ at) that store.

解答 ❶ ❶ told　❷ Does　❷ ❶ イ　❷ ウ

part
1
(S V O)
文法編

1〜7
8〜12
13〜17
18〜23
24〜29
30〜37
38〜44
45〜50

part
2
会話編

51〜53

得点 UP! ① 人々を主語にするとき，自分をふくめば we。
② by 以外の前置詞を使う受動態は 1 つずつ暗記しよう。

③ by ～ の省略された受動態から能動態への書きかえは★★★

He is called Masa. = We call him Masa.
（彼はマサとよばれている。＝私たちは彼をマサとよぶ。）

一般の人々が行為者の場合，by ～ は受動態では省略するので，
能動態にするときは主語を補う必要がある。
we, they, people などを主語にして能動態にする。

be 動詞+過去分詞
受動態 English is spoken in Australia (by them).
能動態 They (People) speak English in Australia.

テストでは 受動態を能動態にして，（　）に適する語を入れなさい。
① The fruit is called kaki. = (　) call the fruit kaki.
② Their house was built last year.
　= (　) built their house last year.

④ by ～ 以外の前置詞を使う受動態の文は★★★

That mountain is covered with snow.
（あの山は雪でおおわれている。）

| be made of ～ 「～でできている」 |
| be known to ～ 「～に知られている」 |
| be interested in ～ 「～に興味がある」 |
| be pleased with ～ 「～で喜ぶ」 |
| be surprised at ～ 「～に驚く」 |

日本語では能動態
で表現したほうが
自然なものもあるね。

テストでは 次の（　）に適する語を入れなさい。
① This desk is made (　) wood.
② Is Fred interested (　) Japanese history?
③ Her name is known (　) all of us.

解答 ③ ① We ② They ④ ① of ② in ③ to

48 | English is spoken in ～. | 115

月　　日

49. I have been 〜.

① 現在完了とは★

> I <u>have been</u> sick for three days.
> （私は3日間ずっと病気です。）

現在完了は〈have（has）+ <u>過去分詞</u>〉の形で，過去におこったことを現在に結びつけて述べる表現。

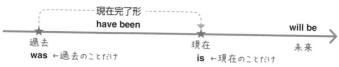

テストでは 次の（　）の語を適する形にかえて，現在完了の文にしなさい。

❶ My mother (have) been busy for a week.
❷ Ken and I have (are) friends since last year.

② 「継続」を表す現在完了の表し方は★★

> I <u>have known</u> him <u>since</u> he was born.
> （私は彼が生まれて以来ずっと彼を知っています。）

ここ重要 過去にはじまったことが現在まで「<u>継続</u>」していることを表していて，「ずっと〜している，ずっと〜である」という意味。

I have lived here since 1985.
have +過去分詞
I have lived here for ten years.

> 継続を表す語
> since 〜「〜以来」
> for 〜「〜の間」

テストでは 次の（　）にsince か for を入れなさい。

❶ He has stayed with us (　) last week.
❷ I have studied English (　) two years.
❸ I have lived here (　) I was a baby.
❹ She has been in Japan (　) three days.

解答 ① ❶ has　❷ been　　② ❶ since　❷ for　❸ since　❹ for

得点 UP!
① 〈have〔has〕+過去分詞〉で現在完了になる。
② 「継続」を表す現在完了には since, for が使われる。

③ 現在完了の疑問文・否定文の表し方は ★★

Have you used this car for five years?
（あなたはこの車を5年間使っているのですか。）

疑問文　Have〔Has〕+主語+過去分詞 ～?

　　　　　Have you **lived** here for a long time?

答えの文　→ Yes, I have. / No, I haven't.

否定文　主語+ have〔has〕 <u>not</u> +過去分詞 ～.

短縮形を覚えよう　have not → **haven't**, has not → **hasn't**

テストでは　次の（ ）に適する語を入れて文を完成しなさい。

❶ ( ) she studied for two hours? — Yes, she ( ).

❷ ここでは1週間雨が降っていません。
　It ( ) rained for a week here.

④ 「どのくらい，いつから」と「期間」を聞く場合の表し方は ★★

How long have you lived here? — **For** ten years.
（あなたはどのくらいここに住んでいますか。10年間住んでいます。）

ここ重要　〈<u>How long</u> + have〔has〕+ 主語 + 過去分詞 ～?〉で「期間」を尋ねる。for ～, since ～を使って答える。

　How long **have** you **learned** haiku?
　答え → I **have learned** it since I came to Japan.

ここ注意！　since は前置詞でも，接続詞でも使う。

テストでは　( )に適する語を入れて，日本語に合う問答にしなさい。

彼はどのくらい北海道にいますか。— 先月からです。
( ) long ( ) he stayed in Hokkaido?
— ( ) last month.

解答　③ ❶ Has / has　❷ hasn't　④ How, has / Since

part 1
S V O 文法編
1〜7
8〜12
13〜17
18〜23
24〜29
30〜37
38〜44
45〜50
part 2 会話編
51〜53

50. I have visited ～.

① 「経験」を表す現在完了の表し方は ★★

I have visited Australia twice.
（私はオーストラリアを2回訪れたことがあります。）

ここ重要　「いままでに～したことがある」という過去から現在までの「経験」も、〈have〔has〕＋過去分詞〉の現在完了で表す。

「経験」を表す語

before「以前に」	twice「2度」
～ times「～回」	many times「何度も」
several times「数回」	often「しばしば」

テストでは　日本語に合うように（　）に適する語を入れなさい。

❶ 私は彼に以前会ったことがある。I (　) seen him (　).
❷ 彼はその本を何回も読んだことがある。
　He has (　) the book many (　).

② 「経験」の疑問文・否定文の表し方は ★★★

Have you ever been to Hokkaido?
（あなたはいままでに北海道に行ったことがありますか。）

「継続」の場合と同じだが、「いままでに、かつて」という意味の ever を過去分詞の前におくことが多い。

否定文	① have〔has〕not ＋過去分詞
	② have〔has〕never ＋過去分詞

ここ注意！　have〔has〕been to ～「～に行ったことがある」

テストでは　次の（　）の正しい語を選びなさい。

❶ Have you （ア visited　イ been）to Nara?
❷ Have you （ア ever　イ never）eaten sushi?

解答　① ❶ have, before　❷ read, times　② ❶ イ　❷ ア

得点UP!
① before, once, ever, never などは「経験」を表す。
② 現在完了といっしょに使えない語に注意。

③ 過去形と現在完了のちがいは ★

> **I lost my watch yesterday.** ＜過去形＞
> （私は昨日うで時計をなくしました。）
> **I have lost my watch.** ＜現在完了形＞
> （私はうで時計をなくしてしまいました。〔現在もなくしたまま〕）

現在にはふれず，過去のできごとを報告する。→過去形
過去のできごとを述べながら，現在に続く状態をいう。→現在完了

テストでは　次の文の正しいものを選びなさい。

ア　I have never been to Tokyo last year.
イ　I never went to Tokyo last year.

yesterday や last 〜 は
現在完了といっしょに
使えないよ。

④ 「完了」を表す現在完了の表し方は ★

> **I have already finished my homework.**
> （私はもう宿題を終えてしまいました。）

ここ重要　already「もうすでに」，yet「まだ」，just「ちょうど」などが
使われている場合は，「〜したところ」という「完了」を表す。

現在完了で使われる語句	継続	since, for
	経験	〜 times, ever, never, often, before
	完了	already, just, yet

テストでは　次の文は、継続・経験・完了のいずれを表すか答えなさい。

❶ I have studied English for six years.
❷ She has never helped her mother.
❸ My mother has just gone out.
❹ I haven't finished my homework yet.

 解答　③ イ　④ ❶継続　❷経験　❸完了　❹完了

50 | I have visited 〜 . | 119

✏ まとめテスト⑧

1 次の文の（　）の正しい語を選びなさい。

☐ ❶ English is (speak, spoke, spoken, speaking) in Canada.

☐ ❷ The mountain is covered (with, in, on, by) snow.

☐ ❸ He has (been, being, be, bad) ill since last Sunday.

〔岡山理科大附高〕

☐ ❹ I have never (see, saw, seen) a panda.

2 次の文の（　）の語を適する形にかえなさい。

☐ ❺ This story was (write) by Soseki.　　　　〔東北学院高－改〕

☐ ❻ English is (teach) at school in Japan.

☐ ❼ We have (be) in Kyushu for ten years.　　　〔安田女子高〕

☐ ❽ I haven't (hear) from her for two years.

3 次の（　）に適する語を入れなさい。

☐ ❾ Many Japanese houses are made (　　　) wood.

☐ ❿ I was surprised (　　　) the news.

☐ ⓫ I was pleased (　　　) his answer.

--------------------------- ★ ヒント ---------------------------

❶「英語はカナダで話されています。」　❷「山は雪でおおわれています。」
❸「彼は先週の日曜日からずっと病気です。」　❹「私はパンダを見たことがありません。」　❺「この物語は漱石によって書かれました。」　❻「日本の学校では英語が教えられています。」　❼「私たちは九州に10年間います。」　❽「彼女から2年間便りがありません。」　❾「多くの日本の家が木でつくられています。」

解答　❶ spoken　❷ with　❸ been　❹ seen
❺ written　❻ taught　❼ been　❽ heard
❾ of　❿ at　⓫ with

④ 次の ( ) に正しい語を入れなさい。

☐ ⑫ I was sick last week. I am still sick now.

= I ( ) ( ) sick since last week.

☐ ⑬ When did you begin studying English?

= How ( ) have you studied English?

☐ ⑭ Did he use this car yesterday?

= ( ) this car ( ) by him yesterday?

⑤ 次の語群を正しく並べかえたとき，6 番目にくる語を答えなさい。

☐ ⑮ 私は長い間ここに住んでいます。

(for, lived, I, time, long, here, a, have).

☐ ⑯ あなたは今までに英語で手紙を書いたことがありますか。

(ever, letter, English, a, you, written, have, in)?

☐ ⑰ アリスはもう部屋をそうじしてしまいましたか。

(yet, cleaned, room, Alice, her, has)?

☐ ⑱ ヒデオは何枚かの写真を私にくれました。

(pictures, given, Hideo, me, some, were, by).

☐ ⑲ 多くの日本の学生はこの本に興味があります。

(students, this, Japanese, in, book, many, interested, are).

---------------------- ★ ヒント ----------------------

⑩「私はその知らせに驚きました。」 ⑪「私は彼の答えに満足しました。」
⑫「私は先週病気でした。今でもまだ病気です。」=「私は先週からずっと病気です。」⑬「あなたはいつ英語を勉強し始めましたか。」=「あなたはどのくらいの間英語を勉強していますか。」 ⑭「彼は昨日この車を使いましたか。」=「この車は昨日彼に使われましたか。」 ⑮ for a long time で「長い間」。⑯【注意】ever は過去分詞の前。 ⑱ Hideo gave me some pictures の受動態。 ⑲ by 以外の前置詞を使う受動態。

- - 解答 - - - - - ⑫ have been ⑬ long ⑭ Was, used ⑮ a
⑯ letter ⑰ yet ⑱ by ⑲ in

part2

会話編

月　　日

51. 買い物

① 欲しいものを伝える

店員：<u>May I</u> help you?
（いらっしゃいませ。）

客　：Yes, please. I'm looking for a bag.
（ええ，お願いします。バッグを探しています。）

会話のフレーズは
答え方もセットで
覚えよう。

店員の言葉　How can I help you? 「どのようなご用件ですか。」

What <u>can I do for</u> you? 「何をさしあげましょうか。」

客の応答　No, thank you. I'm just <u>looking</u>.

「いいえ，けっこうです。見ているだけです。」

② 欲しいサイズを伝える

店員：<u>How about</u> this bag?
（このバッグはいかがですか。）

客　：It's too small.
（小さすぎます。）
Do you have a <u>bigger one</u>?
（もっと大きいのはありますか。）

店員の言葉　・How about red one?

「赤色のものはいかがですか。」

客の応答　・It's nice. I like it. 「いいですね。気に入りました。」

・I don't like the color. Do you have <u>another</u> one?

「色が気に入りません。ほかのはありますか。」

③ **値段をたずねる**

> 客 : **How much** is this bag?
> （このバッグはいくらですか。）
> 店員 : **Five thousand yen, please.**
> （5,000 円になります。）

客の応答　I'll take ～ .「～をもらいます。」

Can I pay by cash?
「現金で支払ってもよろしいですか。」

店員の言葉　～ yen(dollars), please.
「～円（ドル）になります。」

テストでは　次の対話文の（　）に適する語を入れなさい。

店員：May I (❶　　　) you?（いらっしゃいませ。）
客　：Yes. I'm looking for a T-shirt for my sister.
（ええ。妹にTシャツをさがしているんです。）
店員：We have some nice ones. How (❷　　　) this yellow one?
（いいものがありますよ。この黄色いのはいかがですか。）
客　：Well, my sister doesn't like yellow.
（ええと，妹は黄色が好きではないんです。）
Do you (❸　　　) a blue one?（青いのはありますか。）
店員：Sure. How about this one? It's popular among girls.
（もちろんです。これはいかがですか。女の子に人気があります。）
客　：It's nice. I'll take it. (❹　　　) much is this?
（いいですね。これをもらいます。これはいくらですか。）
店員：Two hundred dollars, please.（200 ドルになります。）
客　：(❺　　　) you are.（はい，どうぞ。）
店員：Thank you. Here's your change.
（ありがとうございます。おつりです。）

解答　③ ❶ help　❷ about　❸ have　❹ How　❺ Here

52. 道案内

① 道をたずねる

Excuse me. How can I get to City Hall?
（すみません。市役所へはどうやって行けばいいですか。）

— You can go there by bus.
（バスで行けますよ。）

その他の道のたずね方

How can I get to ～？「～へはどうやって行けますか。」

Where is ～？「～はどこにありますか。」

Could you tell（show）me the way to ～？
「～へ行く道を教えていただけませんか。」

自分がするときは I を，
相手にしてもらうときは
you を主語に使うよ。

② 道を教える

Excuse me. Where is the station?
（すみません。駅はどこですか。）

— Go along the street and turn left at the second corner.
（この通りを行って，2番目のかどで左に曲がってください。）

道の教え方

Go（straight）along（down）the street.
「この通りを（まっすぐ）行ってください。」

Turn left（right）at ～.
「～で左（右）に曲がってください。」

You'll see it on your right. 「右に見えるでしょう。」

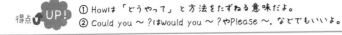

得点 UP! ① Howは「どうやって」と方法をたずねる意味だよ。
② Could you 〜 ?はWould you 〜 ?やPlease 〜. などでもいいよ。

part 1
S c V O
文法編
1〜7
8〜12
13〜17
18〜23
24〜29
30〜37
38〜44
45〜50
part 2
会話編
51〜53

③ かかる時間をたずねる

How long does it take from here to the library?
（ここからその図書館へ行くにはどのくらいの時間がかかりますか。）

— It takes five minutes.
（5分です。）

答えられないとき

Can you tell me how to get to the library?

↓

I'm not familiar with this area.
「この辺りにくわしくないのです。」

I'm stranger here. 「この辺りにくわしくないのです。」

テストでは　次の対話文の（ ）に適する語を入れなさい。

Woman: (❶　　　) me. Where is the museum?
　　　　（すみません。博物館はどこにありますか。）
Kenta: It's next to the library.
　　　　（図書館のとなりにあります。）
Woman: (❷　　　) can I get there? Can I walk there?
　　　　（どうやって行けますか。歩いて行けますか。）
Kenta: Yes. Walk along this street and (❸　　　) right at the first
　　　　traffic light. You'll see the museum (❹　　　) your left.
　　　　（ええ。この通りを歩いて行って，最初の信号で右に曲がってく
　　　　ださい。左側にありますよ。）
Woman: I see. How (❺　　　) does it take?
　　　　（わかりました。どれくらい時間がかかりますか。）
Kenta: It takes about ten minutes.　（約10分かかります。）

解答　③ ❶ Excuse　❷ How　❸ turn　❹ on　❺ long

53. 体調・天候

_____月_____日

1 体調をたずねる

> **How are you?**
> （元気？）
> — I'm **fine**, thanks.
> 　（いいわよ。ありがとう。）
> **How is** your family?
> （ご家族はお元気ですか。）
> — They are all fine. Thanks.
> 　（みんな元気です。ありがとう。）

体調のたずね方

How are you? / How are you doing?「元気ですか（体調はどうですか）。」
How do you feel?「気分はどうですか。」
What's wrong (with you)?「どうかしたのですか。」

応答のし方

I'm fine, thanks.「元気です，ありがとう。」
Not bad.「悪くありません。」
And you?「あなたはどうですか。」
That's too bad.「それはいけません。」
Take care of yourself.「お体を大切にしてください。」

症状の言い方

I feel a little sick.「少し気分が悪いです。」
I have a bad cold.「ひどいカゼをひいています。」
I have a headache.「頭が痛いです。」

得点 UP! ① Howは「どんなふうに」と様子をたずねることもできるよ。
② 天候・寒暖を表す語句をまとめておこう。

② 天候のたずね方と表し方

> **How will** the weather be tomorrow?
> (あしたの天気はどうなの?)
> ― It'll be **sunny**.
> (晴れるよ。)

天候のたずね方

How is (How's) the weather in ～? 「～の天候はどうですか。」
How will the weather be? (How is the weather going to be?)
「天候はどうなるでしょうか。」

天候の表し方

It is **sunny**. 「晴れです。」
It's **cloudy**. 「くもりです。」
It will be **rainy**. 「雨でしょう。」
It **will rain** in the morning. 「午前中は雨が降るでしょう。」
It's going to be **snowy**. 「雪になるでしょう。」
It is **snowing**. 「雪が降っています。」
It is windy. 「風が強いです。」

寒暖を表す語

cold「寒い」　　　hot「暑い」
warm「暖かい」　　cool「涼しい」

その他

humid「じめじめしている」
dry「乾燥している」

装丁デザイン　ブックデザイン研究所
本文デザイン　京田クリエーション
　　イラスト　どこ　ちゃるこ

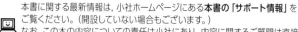

本書に関する最新情報は, 小社ホームページにある**本書の「サポート情報」**を
ご覧ください。(開設していない場合もございます。)
なお, この本の内容についての責任は小社にあり, 内容に関するご質問は直接
小社におよせください。

中2 まとめ上手 英語

編著者	中学教育研究会	発行所	受験研究社
発行者	岡 本 明 剛	©株式会社	増進堂・受験研究社

〒550-0013　大阪市西区新町2—19—15

注文・不良品などについて：(06)6532-1581(代表)／本の内容について：(06)6532-1586(編集)

Printed in Japan　　岩岡印刷・高廣製本

落丁・乱丁本はお取り替えします。